乡村振兴集成示范战略研究成果系列

总主编：宋宝安

U0651470

贵州山区
乡村振兴特色报告

中国工程院"贵州乡村振兴集成示范试点村的战略研究"课题组

丁 龙　陈　祥　陈　卓◎著

中国农业出版社

北 京

图书在版编目（CIP）数据

贵州山区乡村振兴特色报告 / 丁龙，陈祥，陈卓著. 北京：中国农业出版社，2024. 8. --（乡村振兴集成示范战略研究成果系列 / 宋宝安总主编）. -- ISBN 978-7-109-32406-0

Ⅰ. F327.73

中国国家版本馆 CIP 数据核字第 2024QJ2398 号

中国农业出版社出版

地址：北京市朝阳区麦子店街 18 号楼

邮编：100125

责任编辑：阎莎莎

版式设计：王　晨　　责任校对：张雯婷

印刷：中农印务有限公司

版次：2024 年 8 月第 1 版

印次：2024 年 8 月北京第 1 次印刷

发行：新华书店北京发行所

开本：787mm×1092mm　1/16

印张：8.75

字数：180 千字

定价：68.00 元

民族要复兴，乡村必振兴。党的二十大强调"全面推进乡村振兴"，"坚持农业农村优先发展，坚持城乡融合发展，畅通城乡要素流动。加快建设农业强国，扎实推动乡村产业、人才、文化、生态、组织振兴"。全面推进乡村振兴、加快农业农村现代化、建设农业强国，这是全面建设社会主义现代化国家的重大决策部署，是新时代新征程农业农村现代化的主攻方向，也是全面推进乡村振兴的重大任务。

西部地区作为全国占地面积最大和经济发展水平相对较低的地区，既是我国重要生态屏障和能源接续地，也是打赢脱贫攻坚战后有效衔接乡村振兴、推进共同富裕的重点难点区域。更好推动西部乡村振兴，事关中国式现代化建设全局，具有重要现实意义和深远历史意义。经过改革开放40多年的跨越式发展，西部乡村地区的各项事业取得了丰硕的成果。同时，在中国式现代化建设中奋力谱写西部大开发新篇章的背景下，西部广大乡村地区面临千载难逢的发展时机和发展窗口。

在中国工程院的大力支持下，通过"西南山区乡村振兴集成示范试点村的战略研究"课题，针对西南山区经济发展、社会治理、生态环境、文化传承等方面面临的难题，以试点乡村为"小切口""小环境"，突出问题导向，对现有政策、项目、资金进行全面整合升级，打造改革创新的"试验田"、政策集成的"小特区"，探索可复制、能推广的经验做法，为走出一条西部地区一般乡村全面振兴的有效之路提供有益参考。在完成"西南山区乡村振兴集成示范试点村的战略研究"课题的基础上，中国工程院又通过"西部地区乡村全面振兴路径研究"重点项目资助，将乡村振兴研究范围扩大至中西部13个省份，重点在现代化人才支撑、乡村产业体系构建、科技赋能助力西部乡村振兴等方面开展研究，探索西部地区乡村全面振兴的有效路径与策略。

乡村振兴集成示范战略研究成果系列中的《贵州山区乡村振兴特色报告》通过调研贵州省11个乡镇的9个省级特色田园乡村和7个非示范村的产业发展现状、基础条件、优势潜力、发展愿景等，提炼出不同类型村庄发展的经验路径，总结出可复制、能推广的贵州一般乡村振兴发展模式。《西南山区乡村振兴发展战略与实践路径——以四川为例》以四川乡村振兴示范试点村为"小切口"，以实地调研为基础,紧扣乡村振兴五大目标,梳理四川乡村现状与区域布局,总结四川乡村振兴主要成效,剖析四川乡村振兴的发展环境与主要问题,提炼乡村振兴典型经验。《西南山区乡村振兴发展战略与实践路径——以云南山区为例》立足云南美丽乡村建设,突出云南高原特色农业发展战略,挖掘云南丰富的生态资源、生物资源和乡村民族特色。《西南山区乡村振兴发展战略与实践路径——以贵州山区为例》针对贵州9个地州市136个乡村振兴集成示范村及非示范村,探究乡村振兴建设成效与发展现状,归纳出五类乡村振兴发展模式,总结贵州乡村振兴发展的解决方案及经验。将几个地区的经验总结提炼成《西南山区乡村振兴集成示范试点村的战略研究》总报告。

祝贺该套丛书的出版,希望该套丛书能为西部乡村振兴相关研究提供有益借鉴和参考,也希望该套丛书的出版能引起更多的人关注并投身于西部乡村振兴的发展实践中,共同为加快推动我国乡村振兴高质量发展献计献力。

2024 年 4 月 25 日

目录

CONTENTS

序

贵州乡村振兴特色产业战略研究报告

一、引　　言

为把握乡村振兴集成示范试点村在推进贵州省乡村振兴中的重要作用，凝练具有可借鉴、易复制、能推广的贵州特色乡村振兴发展典型案例，厘清制约乡村振兴集成示范试点村绿色发展瓶颈问题。2022 年 4 月至 2023 年 3 月，中国工程院"西南山区乡村振兴集成示范试点村战略研究"项目调研组开展了贵州乡村振兴特色产业调研。项目组调研了贵州省 7 个市（州）11 个县（区、市）11 个乡镇的 9 个省级特色田园乡村——乡村振兴集成示范试点村。随着调研工作的深入，为了深入研究和比较分析，调研组继续选择了 7 个非示范村进行调研，根据工作需要制订了调研工作方案，组建了 12 个调研小组开展实地调研。调研组发放调查问卷 36 份，收回问卷 36 份，通过实地走访村委会、村办企业及合作社，并与调研村村支书、村主任及驻村干部进行座谈，同时随机走访农户 40 户，及时了解相关情况，在全面分析 9 个省级乡村振兴集成示范试点村（以下简称"示范村"）及 7 个非示范村的产业发展现状、基础条件、优势潜力、发展愿望、市场需求、重点项目、投资效益、农民增收情况、乡村治理现状、发展趋势、存在的问题与解决路径、成果经验与推广模式等基础上，形成调研总体报告。

二、主要特征与现状分析

（一）主要特征

1. 调研村数量与区域分布

调研的 9 个示范村及 7 个非示范村，分别为贵阳市 1 个村（花溪区黔陶乡骑龙村），遵义市 4 个村（凤冈县进化镇临江村三新组、凤冈县进化镇临江村秀竹组、播州区石板镇茅坝村、播州区石板镇池坪村），毕节市 1 个村（黔西市新仁苗族乡化屋村），安顺市 2 个村（紫云县板当镇硐口村、平坝区乐平镇大屯村），铜仁市 2 个村（石阡县龙塘镇神仙庙村、德江县平原镇坳田村），黔西南州 5 个村（普安县茶源街道联盟村、册亨县冗渡镇坛坪村、贞丰县龙场镇对门山村、贞丰县平街乡营盘村、贞丰县双峰街道冬妹村），黔东南州 1 个村（剑河县南明镇河口村）。

下文以 9 个示范村为例进行介绍。

2. 基础条件与优势潜力

1) 地域交通

调研的示范村均交通便利，有助于当地特色产业发展，其中距离高速入口最远的 34 千米，最近的 2 千米；距离乡镇最远的 26 千米，最近的 2 千米；距离县市区最远的 52 千米，最近的 8.6 千米。调研村庄附近有民族文化、红色文化、成熟的旅游景区 6 个，自然保护区 1 个，可带动区域内特色旅游业发展。示范村地域交通信息汇总见表 1。

表 1　示范村地域交通信息汇总

示范村	距离乡镇 （千米）	距离县市区 （千米）	距离最近高速入口 （千米）	旅游景区	自然保护区
凤冈县进化镇临江村三新组	7	18	8	九龙景区	—
凤冈县进化镇临江村秀竹组	12	15	2	古井	—
平坝区乐平镇大屯村	3.4	8.6	6	大洞	—
石阡县龙塘镇神仙庙村	2	17	3		—
册亨县冗渡镇坛坪村	26	45	34	红军桥	—
普安县茶源街道联盟村	2.5	25	3		—
德江县平原镇坳田村	4.5	52	25		—
黔西市新仁苗族乡化屋村	10	38	11	乌江源百里画廊	麻窝寨
紫云县板当镇硐口村	12	23	12	格凸河	—

注：数据来自前期调查问卷。

2) 土地资源

调研区域总面积约 100 520 亩*，其中耕地面积约 26 829.88 亩，山地、林果地约 21 839 亩，平均耕地流转率约为 36.95%。示范村土地资源信息汇总见表 2。实地调研结果显示，每个村在保证耕地安全基础上，均有多余土地用于茶叶、蔬菜、糯山药、小黄姜、玫瑰、蓝莓、薏苡等特色作物种植以及肉牛、生猪等的养殖。在现有土地资源基础上，每个村具有扩大特色种植业、养殖业发展规模的潜力。

3) 基础设施

通村公路主要以柏油路为主、水泥路为辅，村内主要路面以水泥路为主、柏油路为辅，村内沿路均铺设路灯。同时村内配套设立有超市、卫生室、老年活动中心、体

---

* 亩为非法定计量单位，1 亩≈667 米²。——编者注

育场、药店、敬老院、幼儿园和小学。村民主要生活用水为自来水,厨房主要燃料为电和煤炭,能基本满足村民生活所需。走访农户调研显示,示范村现有的公共基础设施能够满足基本生活所需,但无法满足农户对高质量生活的需求。示范村基础设施数量及满意度调查汇总见表3。

表2 示范村土地资源信息汇总

示范村	辖区面积（亩）	耕地面积（亩）	山地面积（亩）	林果地（亩）	平均耕地流转率（%）
凤冈县进化镇临江村三新组	2 015	980	—	360	30.6
凤冈县进化镇临江村秀竹组	4 635	2 002.95	—	848	26.7
平坝区乐平镇大屯村	12 750	3 982	—	300	70
紫云县板当镇硐口村	17 520	6 434	5 012	5 984	65
黔西市新仁苗族乡化屋村	12 300	1 403	3 986	1 400	21.38
石阡县龙塘镇神仙庙村	11 700	3 495.43	120	744	35
普安县茶源街道联盟村	28 890	1 453.5	120	1 896	10
册亨县冗渡镇坛坪村	18 600	6 023	—	1 070	—
德江县平原镇坳田村	8 550	1 056	—	—	—

注:数据来自前期调查问卷。

表3 示范村基础设施数量及满意度调查汇总

示范村	超市（个）	卫生室（个）	老年活动中心（个）	体育场（个）	药店（个）	敬老院（个）	幼儿园（个）	小学（个）	满意度
凤冈县进化镇临江村三新组	2	1	1	2	—	—	—	—	非常满意
凤冈县进化镇临江村秀竹组	2	—	1	1	—	—	—	—	非常满意
平坝区乐平镇大屯村	5	2	2	—	2	1	2	1	非常不满意
紫云县板当镇硐口村	3	1	—	3	1	3	1	—	非常不满意
黔西市新仁苗族乡化屋村	9	1	—	3	—	—	—	—	一般
石阡县龙塘镇神仙庙村	3	1	—	—	1	—	1	—	比较不满意
普安县茶源街道联盟村	4	1	1	—	—	—	—	—	非常满意
册亨县冗渡镇坛坪村	3	1	2	—	—	—	—	—	比较不满意
德江县平原镇坳田村	1	1	—	1	—	—	0	—	非常不满意

注:数据来自前期调查问卷。

4）人口结构

调研的示范村现有4 142户,总人口16 330人,其中常住人口10 410人,外出务工4 724人;有农业劳动力7 538人,常住人口（年龄16～60岁）6 937人。示范村人口结构统计见表4。实地走访调研显示,现有农业劳动力基本能保障产业生产发展需求,但青壮年劳动力外出务工较多,外出务工占总人口比例最低为13.74%,最高为45.92%;外出务工占农业劳动力比例最低为35.90%,最高为91.79%。

表4　示范村人口结构统计

示范村	总户数（户）	总人口（人）	外出务工（人）	外出务工占总人口比例（%）	农业劳动力（人）	外出务工占农业劳动力比例（%）	常住人口（人）	常住人口（年龄6~60岁）（人）
凤冈县进化镇临江村三新组	235	944	159	16.84	686	62.72	488	331
凤冈县进化镇临江村秀竹组	205	815	112	13.74	312	35.90	703	553
平坝区乐平镇大屯村	625	2 136	410	19.19	852	48.12	1 726	1 541
紫云县板当镇硐口村	833	3 757	537	14.29	1 008	53.27	2 134	1 756
黔西市新仁苗族乡化屋村	295	1 201	299	24.90	643	46.50	1 106	580
石阡县龙塘镇神仙庙村	916	3 016	1 385	45.92	1 583	87.49	1 631	690
普安县茶源街道联盟村	216	1 044	447	42.82	487	91.79	597	261
册亨县冗渡镇坛坪村	557	2 273	936	41.18	1 547	60.50	1 337	611
德江县平原镇坳田村	259	1 144	312	27.27	650	48.00	654	614

注：数据来自前期调查问卷。

（二）现状分析

1. 产业发展状况

示范村点均为集聚提升类村庄，村庄发展方向明确，在原有规模基础上改造提升，激活产业、优化环境、增添活力。调研的示范村中黔西市新仁苗族乡化屋村以旅游业为主，德江县平原镇坳田村以畜牧业为主，其他村的产业均以种植业（茶叶、食用菌、蓝莓等）为主，其产业结构组成见图1。其中，黔西市新仁苗族乡化屋村还是特色保护类村庄，也是历史文化名村、传统村落、民族特色村、特色景观旅游名村。

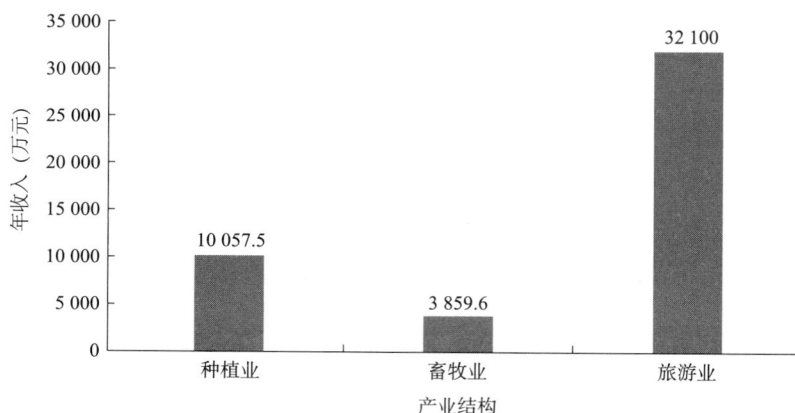

图1　示范村产业结构组成

种植业和畜牧业参与合作社户数1 300户，新型经营主体25个，省级以上农产品企业品牌3个；主导产业有茶叶、肉牛、有机水稻、蔬菜、糯山药、玫瑰、小黄姜、蓝莓、薏苡和乡村旅游等。示范村特色产业结构组成统计和乡村旅游业统计见表 5 和表 6。

表 5 示范村特色产业结构组成统计

示范村	特色农业	种植、养殖规模（亩、头）	带动农户（户）	年收入（万元）	特色品牌
凤冈县进化镇临江村三新组	有机水稻	507	236	253.5	—
	肉牛	1 350	4	3 780	
凤冈县进化镇临江村秀竹组	茶叶	418	205	335	瑰缘玫瑰
	玫瑰	1 000	300	6 000	
平坝区乐平镇大屯村	糯山药	300	5	400	—
紫云县板当镇硐口村	蓝莓	10 000	102	8	翠河绿芽
	肉鸡	300 000	300	136	
黔西市新仁苗族乡化屋村	小黄姜	300	26	180	—
	小黄粑	500	—	280	
石阡县龙塘镇神仙庙村	茶叶	2 350	623	700	
普安县茶源街道联盟村	茶叶	3 019	216	5 000	联盟春
册亨县冗渡镇坛坪村	蔬菜	1 070	120	2 300	
	肉牛	127	127	60	
	矛香猪	280	5	19.6	
德江县平原镇坳田村	肉牛	1 080	48	192	—
	圣女果	300	300	500	—

注：数据来自前期调查问卷。

表 6 示范村乡村旅游业统计

示范村	休闲农业和乡村旅游接待量（人次/年）	休闲农业和乡村旅游获得收入（万元/年）
凤冈县进化镇临江村三新组	15 000	750
凤冈县进化镇临江村秀竹组	10 000	300
平坝区乐平镇大屯村	—	—
紫云县板当镇硐口村	5 000	30
黔西市新仁苗族乡化屋村	458 824	21 882
石阡县龙塘镇神仙庙村	—	—
普安县茶源街道联盟村	2 000	20
册亨县冗渡镇坛坪村	—	—
德江县平原镇坳田村	—	—

调研的示范村中农户承包土地种植的农作物有茶叶、有机水稻、食用菌、蓝莓等，基本实现农业机械化（有小型拖拉机 91 台、农用排灌柴油机 55 台），由当地农业农村局提供病虫害防治技术和施肥指导服务，由合作社统一购买种子及农作物社会

化服务。另外，示范村包括临江米、雪花牛肉、瑰缘玫瑰、翠河绿芽、联盟春、贵康源普安绿茶、屯伯茶、化屋小黄姜、化屋黄粑、贞兮白茶、贞兮黄金芽在内的11个特色农产品品牌，目前有线上销售和线下实体店销售，以销往外省为主，本省为辅。由于调研的示范村附近有九龙、古井、大洞、乌江源百里画廊、红军桥、格凸河等多个景区及民族地区，休闲农业和乡村旅游业也得到发展，年接待490 824人次，年收入22 982万元。

2. 生态环境状况

调研的示范村特色田园乡村生态环境建设成效明显，村庄平均绿化覆盖率为56.4%（其中石阡县龙塘镇神仙庙村、普安县茶源街道联盟村和册亨县冗渡镇坛坪村绿化覆盖率均达70%及以上）；787户实现了旱厕改造，4 067户实现了自来水入户；畜禽粪污综合利用率平均达85.63%（其中凤冈县进化镇临江村三新组、凤冈县进化镇临江村秀竹组、平坝区乐平镇大屯村和紫云县板当镇硐口村、德江县平原镇坳田村5个村实现了100%）。每个村庄设有污水集中处理设施，排水上为雨污分离，排水进入专门的污水管道，村内设置了分类垃圾桶，生活垃圾定时转运到城镇统一处理。实地调研结果显示，各村的村容村貌都得到了明显改善，村内主干道路都铺设有水泥路，临江村三新组、硐口村、化屋村、联盟村等部分庭院推进石板硬化，美观整洁。通过随机走访，发现大多数农户对目前居住的生态环境比较满意，但仍具有进一步的提升空间。示范村生态环境情况统计见表7。

表7　示范村生态环境情况统计

示范村	村庄绿化覆盖率（%）	自来水入户数（户）	旱厕改造户数（户）	畜禽粪污综合利用率（%）	农户对本村生态环境发展满意度
凤冈县进化镇临江村三新组	40	236	—	100	非常满意
凤冈县进化镇临江村秀竹组	40	205	—	100	非常满意
平坝区乐平镇大屯村	30	625	23	100	非常不满意
紫云县板当镇硐口村	65	833	100	100	比较不满意
黔西市新仁苗族乡化屋村	60	295	95	60	非常不满意
石阡县龙塘镇神仙庙村	70	853	—	—	一般
普安县茶源街道联盟村	80	216	97	80	非常满意
册亨县冗渡镇坛坪村	72.6	545	213	75	非常满意
德江县平原镇坳田村	50	259	259	100	一般

注：数据来自前期调查问卷。

3. 乡村治理状况

示范村现有党员人数252人，党员人数平均占村总人口比例为1.54%（图2），大学生村干部28人。除黔西市新仁苗族乡化屋村外，其余村均实现村党组织书记兼任村委会主任，党员在乡村振兴过程中发挥了模范带头作用，均形成"一中心一张网十联户"联动共管机制的乡村治理工作模式。每个村均有专门的村规民约，都成立了村民理事会，管理村内事务。具体做法以"乡村振兴公约""村民议事""红黑榜"等为抓手，组织优秀党员、致富能手、乡贤寨老等组成村民理事会（村级调解委员会），充分调动群众积极性，破除陈规陋习，弘扬文明乡风，成功解决民事纠纷 23 起。搭建数字乡村平台，建立智能化指挥调度中心，在村组主要路段、联户长庭院、产业基地等重要场所安装公共安全视频监控探头、产业监控探头、喇叭，通过手机 App 可实现问题隐患随手拍、信息动态随时采、矛盾隐患随手报、政策法规随时宣，在试点创建、法治宣传、疫情防控、矛盾纠纷和安全隐患排查化解等工作中起到积极作用。通过实地调研走访了解到，农户对本村乡村治理总体上非常满意。

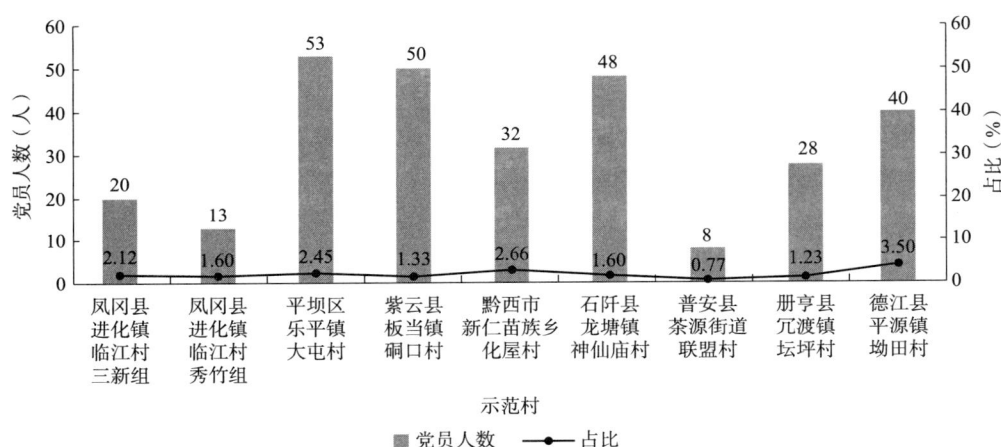

图 2　示范村党员人数及占比

4. 乡村文明状况

示范村学龄儿童入学率实现 100%，人口平均受教育年限 10 年；有"星级文明户""文明家庭"549 个，图书馆或文化站 11 个；结婚彩礼费用大多为 3 万～10 万元。另外，村内设有图书馆或文化站，鼓励村民学习农业知识；定期邀请市、乡、村三级讲习员到现场开展讲习，大力弘扬优良传统文化，用百姓话说百姓事，把"大道理"讲细、讲活；大力开展"十户（护）联动""小手拉大手"等活动，开展卫生家庭评比活动，引导群众养成爱护环境卫生的良好习惯，促使民居院落靓起来、村庄村寨亮起来；挖掘群众身边善行义举，树立弘扬良好家风，营造向善向上、见贤思齐的氛围；村内广场每天都有广场舞娱乐活动，丰富村民的业余生活。实地调研发现，村内虽然经常举办思想政治宣传、科普宣传、法律宣传等活动，但村民主动进入图书馆或文化站学习的频率不是很高。通过随机走访农户交谈了解到，村内没有出现虐待老人、儿童的行为，总体来看，大多数农户对本村乡风建设较为满意。示范村乡村文明建设情况统计见表 8。

表 8　示范村乡村文明建设情况统计

示范村	学龄儿童入学率（%）	人口平均受教育年限（年）	每1 000个常住人口拥有文化场所数量（个）	图书室或文化站数量（个）	"星级文明户""文明家庭"数量（个）	农户对乡风建设满意度
凤冈县进化镇临江村三新组	100	12	1	1	212	非常满意
凤冈县进化镇临江村秀竹组	100	12	1	1	189	非常满意
平坝区乐平镇大屯村	100	12	1	1	10	非常不满意
紫云县板当镇硐口村	100	9	1	1	102	非常满意
黔西市新仁苗族乡化屋村	100	9	1	2	20	比较满意
石阡县龙塘镇神仙庙村	100	9	1	2	2	比较满意
普安县茶源街道联盟村	100	9	3	1	8	非常满意
册亨县冗渡镇坛坪村	100	6.5	0.4	1	4	比较满意
德江县平原镇坳田村	100	12	2	1	2	比较满意

注：数据来自前期调查问卷。

5. 生活水平状况

示范村目前农户人均年纯收入约1.26万元，村集体平均年收入37.90万元。新型农村合作医疗参合户数4 019户（占97.03%），农村养老保险参保户数3 652户（占88.17%），购买农业保险的户数1 168户（占28.20%）。每个村均已实现联网，包括移动、联通、电信和广播电视，均能满足村民的娱乐需求，人均年用电费用354.44元，使用有线电视户数2 763户（占66.70%），使用宽带户数1 929户（占46.57%），使用智能手机户数4 037户（占97.46%），拥有私家车户数1 925户（占46.48%）。实地调研走访发现，整体村民生活质量有所提高，但生活习惯未发生本质改变，传统种植、养殖占比较大，高质量新技术消化吸收不足，导致产业综合产值不高。另外，村产业经济过度依赖企业，缺乏自主性，收益保障不稳定。总体上看，村民生活基本无忧，但是离高质量新农村生活水平还有一定差距。示范村生活水平指标统计见表9。

表 9　示范村生活水平指标统计

示范村	人均年纯收入（万元/年）	村集体年收入（万元/年）	新型农村合作医疗参合户数（户）	农村养老保险参保户数（户）	购买农业保险的户数（户）	人均用电费用（元/年）	使用有线电视户数（户）	使用宽带户数（户）	使用智能手机户数（户）	拥有私家车户数（户）
凤冈县进化镇临江村三新组	1.2	25	236	236	—	460	—	236	236	180
凤冈县进化镇临江村秀竹组	1.05	25	205	205	—	450	—	205	205	150
平坝区乐平镇大屯村	1.063	5	625	625	—	300	625	350	625	210
紫云县板当镇硐口村	2.1	100	802	727	731	200	517	212	833	510

（续）

示范村	人均年纯收入（万元/年）	村集体年收入（万元/年）	新型农村合作医疗参合户数（户）	农村养老保险参保户数（户）	购买农业保险的户数（户）	人均用电费用（元/年）	使用有线电视户数（户）	使用宽带户数（户）	使用智能手机户数（户）	拥有私家车户数（户）
黔西市新仁苗族乡化屋村	1.93	124	295	220	60	300	295	120	270	55
石阡县龙塘镇神仙庙村	1.1	43.09	851	769	126	300	423	278	853	335
普安县茶源街道联盟村	1.2	5	216	134	216	480	129	129	216	73
册亨县冗渡镇坛坪村	1.15	8	530	486	15	480	520	140	540	200
德江县平原镇坳田村	0.6	6	259	250	20	220	254	259	259	212

三、存在问题与解决路径

（一）基础设施建设滞后，产业设施严重不足

在全面推进乡村振兴过程中，乡村水、电、路及村容村貌基础设施建设均取得了很大成就，但乡村建设还存在较多急需补齐的短板，特别是医疗卫生、文化娱乐、粪污处理等公共服务设施相对不足。乡村振兴建设应加强统一规划布局，加大乡村公共服务设施的投入力度，进一步提升村民人居环境。

（二）村老龄化形势严峻，乡村振兴人才不够

农村人口老龄化程度形势严峻，劳动力受教育水平低，大量青壮年劳动力外出务工，乡村生活对年轻人缺乏吸引力，导致乡村劳动力严重不足。调查发现，有40%以上的青壮年外出务工，村中拥有高中学历的劳动力占比不超过20%，缺少加工、营销、电商等技术和人才，严重影响农村产业发展。应大力加强农业技术培训和农村产业发展，提升农村人口的综合素养，积极引导大学生和外出务工人员回乡创业。

（三）财政资金投入不足，乡村融资难度较大

大部分示范村的建设发展缺乏主导产业，财力拮据，建设资金主要依靠上级政府财政资金补助，但由于上级政府财政资金投入有限、群众自筹资金困难、融资渠道不畅等，乡村建设资金保障困难，相关项目推进阻力大。应加大财政资金的投入力度，出台相关优惠政策，拓宽融资渠道，引导社会资金在乡村振兴产业中的比例。

（四）乡村管理人才不足，村集体队伍素质参差不齐

根据调研，目前很多乡村建设示范村缺乏专门管理人才，特别是企业管理人才，

随着乡村产业发展壮大，管理水平跟不上，导致村集体企业发展决策、企业管理理念出现偏差。此外，村集体领导班子素质参差不齐，基层治理存在薄弱环节，治理体系和治理能力仍待提升。

（五）生产组织管理无序，利益联结机制不清

社会鼓励发展专业合作、股份合作等多种形式的农民合作社，并允许财政项目资金直接投向符合条件的合作社，允许财政补助形成的资产转交合作社持有和管护。但有的合作社生产组织不合理，企业、合作社及农户的利益联结共享机制不健全，资金监管不到位，不能发挥合作社在乡村产业发展中应有的作用和保证农户应有的利益分配。因此，有关部门应建立规范透明的生产组织管理制度，加强资金监管，规范合作社运行及利益分配机制。

（六）产业发展方向不明，产业技术人才缺乏

在调研过程中发现，大部分示范村在特色产业布局上过度重视种植业、养殖业，忽视加工、营销、电商等产业，并且乡村级农业技术人员对特色产业的发展缺乏足够认识和了解，产业发展方向不明确。政府应向示范村提供专门的技术人才输入，协助其找准特色产业并长期提供创新技术支持。

（七）村办龙头企业缺乏，产地初加工发展滞后

目前，一些示范村的种植和养殖企业和合作社规模较小，还有一些散户，缺乏龙头企业带动，产供销信息不畅，种植养殖户交流渠道匮乏，经营主体生产、销售存在盲目性，产品供不应求或供大于求，供求关系失衡，农户受市场价格波动影响遭受经济损失的风险较大。缺乏深加工，大部分农产品以原料形式销售，产业链短，附加值低，产业运营水平低。产地初加工一体化发展滞后，大多采用传统工艺，加工能力不足，产品品质不高，品牌打造不力。有关部门应加强龙头企业引进和培育，确保乡村振兴和产业可持续发展。

四、主要经验与典型做法

（一）主要经验

1. 经济组织模式

乡村经济模式以"公司＋合作社＋基地＋农户"和"公司＋土地入股＋农户"为主。大力推广土地流转拿租金、将闲置宅基地和遗弃资产等闲置资源通过打包出租或以土地入股企业拿分红金、就地务工拿薪金"三金"模式，引导群众通过土地入股、

订单种植、就近就业等形式全程参与产业发展，将产业收益量化分红到全体村民，带动群众增收致富。

2. 产业发展模式

产业以"旅游业＋农业"为主，充分利用农村土地和人力资源拉动产业发展，带动经济发展。以改造乡村面貌为切入点发展乡村旅游业，改变乡村"脏乱差"的现象，结合特色田园风光、农家美食和特色风景吸引游客。另外，着力发展特色农业拉动经济。

3. 生态治理模式

在特色乡村示范点中，生态环境治理和保护工作都具有举足轻重的地位。例如，凤冈县进化镇临江村秀竹组建立生态环境保护工作机制试点，构建以 10 户农户为一个单元的生态环境保护网格圈，实施分片包保，大力开展"青山、碧水、净土"三大保护行动。

一是围绕"四清一治一改"（清理常年积存垃圾、清理河塘沟渠、清理农业废弃物、清除无保护价值的残垣断壁，乡村公共空间治理，改变影响农村人居环境的不良习惯）工作思路，推进农业生产零污染、零排放、零剩余、全利用"三零一全"资源化利用。生态治理产业化，畜禽粪污变废为宝，通过集中收储畜禽粪污，生产加工有机肥还肥到土，循环利用。

二是村庄绿化。利用黔北民居庭院模式，在庭前院落、闲置土地种果栽花铺草，让庭院变果园、花园。

三是弃土荒坡变美增收。利用闲置土地、石旮旯种植特色玫瑰和套种中药材延伸林下经济产业链，让弃土荒坡变美、增收。

4. 基层管理模式

目前有 2 种新的基层管理方式。

一是"党群直议制"，创新基层治理方式，有效激发群众内生动力，夯实乡村振兴战斗堡垒，为推动特色田园乡村·乡村振兴集成示范试点打造提供坚强政治保证和组织保证。

二是"党支部＋议事会"。"党支部＋组议事会"运作模式，配齐组级班子成员和组议事会成员，切实解决有人办事的问题，同时充分发挥党支部在试点建设中的主力军作用。优化"一中心一张网十联户"，构建"镇综治中心，织牢网格化共治体系，推进十联户"工作机制，真正打通基层社会治理的"神经末梢"。

（二）典型做法

1. 黔西市新仁苗族乡化屋村典型做法

黔西市新仁苗族乡化屋村根据"乌江源头话改革、化屋山水兴苗乡"发展定位，对照"产业兴旺、生态宜居、乡风文明、治理有效、生活富裕"总要求，围绕"四新"抓"四化"，高质量实施"五大工程"，紧扣"特色""田园""乡村"3个关键词，有针对性地破解一系列难题瓶颈，并采取一系列过硬措施，在攻坚克难中纵深推进乡村振兴，实现生态优、村庄美、产业特、农户富、集体强、乡风好的建设目标。以旅游为主导产业，探索"旅游＋精品农业"、"旅游业＋手工业"等的一二三产融合发展之路；以乌江生态环境保护为前提，以苗族文化传承为内涵，以山水田园和乡村生活为载体，打造集乡村民宿、山水观光、文化体验、改革研学为一体的山水苗乡民俗村、改革脱贫研学村；建设承载田园乡愁、体现现代文明的特色田园乡村。2022年，村委会按照规划指引，坚定发展"旅游＋N"产业，一是"旅游＋精品水果"；二是"旅游＋小黄姜"；三是"旅游＋文化"；四是"旅游＋美食"等，实现了农民增收。

2. 凤冈县进化镇临江村典型做法

凤冈县进化镇临江村因地制宜"选产业"。以全新改造的黔北民居和玫瑰园观光吸引游客，发展旅游业。利用"生态＋"发展模式，将山上、林区、坝区等"沉睡"生态资源转化为致富资源，大力发展集休闲采摘、观光旅游于一体的新产业新业态。临江村秀竹组以玫瑰产业为主，种植玫瑰1 000亩，另外还有中药材100亩，产值达400万元。依托现有资源和区位优势，探索农户种植、公司加工、产品销售、农旅观光、玫瑰疗养发展模式，推动农业"接二连三"，初步构建起产业强、链条全、结构优、市场旺的产业体系。临汇村以"有机三新·水韵稻香"主题定位，以双有机为引领，引导村民参与培育三新有机水稻等有机农产品基地建设。用足森林资源，大力发展林下经济，用足土地资源大力发展田园经济，用足房前屋后、田边土角大力发展庭院经济。

3. 紫云县板当镇硐口村典型做法

紫云县板当镇硐口村统筹规划，以荒山变为经济林、经果林为目标，打造万亩蓝莓园。以蓝莓产业为主导，以观光采摘、生态旅游、文化体验为主要形式，竭尽全力把硐口村打造成"中国蓝莓第一村"。硐口村围绕蓝莓产业，建有生态蓝莓基地1万亩，村庄以蓝莓为主题装饰，并修建了蓝莓科普体验馆，形成一个以蓝莓为主要构建元素的特色田园乡村，目前每年接待游客5 000人次。依托万亩蓝莓园引进宜博经贸有限公司，建成贵州百灵3 000吨蓝莓加工厂，主要生产蓝莓果干、蓝莓酒、蓝莓饮料及提取花青素等，预计年销售产值达5 000万元，助力农民稳定增收。另外，养殖业方面，硐口村建有鸡舍10个，由村合作社作为基础设施入股安顺立华牧业有限公司，进行养殖合作。安顺立华牧业有限公司按1元每羽固定每年给村合作社入股分红资金30余万元，每户每年可分红1 200元。

4. 平坝区乐平镇大屯村典型做法

平坝区乐平镇大屯村将田园乡村与特色文化相结合，打造别具一格的乡村旅游产业。建设文化长廊，搭建平台，展示特色文化。在重大节日，组织地戏、歌舞表演、民俗文化展示等一系列活动。因地制宜，利用产业专业合作社发展微生物有机农业。

引进国家菌草工程技术研究中心、贵州三习微生物科技有限公司、贵州科技农业技术服务有限公司等科研机构及公司共建微生物循环生态有机农业共享庄园。结合当地的地理环境，合理利用土地，积极探索"三物共生""五零同步"的生态科技农业，发展有机水稻种植，并探索稻鱼鸭养殖模式，打造高品质农产品，吸纳群众到合作社务工，增加收入。

附：政 策 建 议

【政策建议一】

以人才和技术支撑产业发展模式助力乡村振兴的建议
—— 以贵州大学涉农学科师生实施"揭榜挂帅"和"基础示范榜单"为例

科技自立自强是国家强盛之基、安全之要。习近平总书记在党的二十大报告中强调，"要全方位夯实粮食安全根基，强化农业科技和装备支撑，确保中国人的饭碗牢牢端在自己手中"。同时，习近平总书记强调，完善科研任务"揭榜挂帅""赛马"制度，实行目标导向的"军令状"制度，鼓励科技领军人才挂帅出征。

贵州大学涉农学科师生为扛稳粮食安全和重要农产品有效供给的政治责任，充分发挥农科专家集聚的优势，号召全校涉农相关教学科研机构师生积极参与贵州省"揭榜挂帅"的相关工作，把论文写在贵州大地上，为全面推进乡村振兴和农业农村现代化提供坚强的技术和人才保障。

一、工作做法

（一）注重顶层设计

省级农业技术专家服务总团高度重视"揭榜挂帅"工作，通过引导专家教授深入一线分析产业发展的关键问题，组织行业管理部门、产业专家和学者、农业企业、新型经营服务组织、种养大户研讨涉农产业发展中的"卡脖子"技术，坚持问题导向，进行顶层设计，推动"揭榜挂帅"的创新创业行动。

（二）强化全产业链服务

农作物生产管理涉及耕、种、管、收、加工、销售多个环节。贵州大学围绕产业全过程，通过"揭榜挂帅"凝聚各学科、专业、研究方向的专家，利用全产业链配置技术，齐心协力，进行技术集成和示范推广，产业凝聚"贵大"智慧，彰显"贵大"情怀。

（三）突出师生协同配合

充分发挥贵州大学涉农学科、团队、平台和人才的优势，坚守知农爱农兴农的初心，创建院士领衔，国家人才和产业专家主导，在校学生参与"博士村长"计划，师生和农民共驻科技小院、乡村振兴劳动教育实践基地和乡村振兴基层工作站的模式，通过农业农村现代化"十百千"行动、农民田间学校、"新农人"培训等，全校师生通力合作服务农业产业。

二、工作成效

（一）保障粮油供应安全，扛稳政治责任

针对水稻高产稳产，水稻育种与栽培团队带头人赵全志在兴义市创造了水稻榜单最高亩产 1 012.1 千克纪录，比前 3 年的平均 600 千克，增产 400 余千克，取得 3 个突破性成果：一是在贵定创造贵州弱光区百亩连片水稻全程机械化平均亩产 793.19 千克的高产典型；二是在兴义创造杂交籼稻全程机械化亩产 1 012.1 千克的高产典型；三是兴义机插再生稻头季亩产 752.23 千克。针对水稻病虫害绿色防控和生产优质稻要求，水稻植保团队的臧连生在播州区实施以虫治虫和生态调控技术，化学农药使用量较农户自防区减少 90％。何进大豆团队获得农业农村部 2022 年大豆高产"豆明星"荣誉（全国共 50 名）。

（二）特色产业引领，助力贵州乡村振兴

茶产业是贵州乡村振兴产业的火车头。院士团队组织成立含植保、茶叶加工、茶文化推广、古茶树利用全产业链的"揭榜挂帅"团队 13 个；此外，另设省级基础示范榜单 5 个。在瓮安等县（区）建设茶树病虫害绿色防控示范基地 21 个，示范面积 19 900 亩；在清镇、普定建设茶叶科技小院 2 间；在瓮安等地举办茶园农民田间学校 3 所，系统培训学员 8 640 学时；累计开展技术服务 60 余次，培训农技人员和茶农 3 000 多人次；为省级新媒体编写茶树病虫害绿色防控资料，推广茶园生物防治技术和茶园减施增效技术 14 项；示范区的茶树病虫害综合防效大于 85％，茶青产量增加 20％以上，示范基地茶叶质量安全达到了欧盟标准，农残检测合格率达 100％；累计服务茶叶企业 29 家。团队"茶树绿色防控研究"成果获贵州省科学技术进步一等奖（2021 年）、2019—2021 年度全国农牧渔业丰收奖一等奖和第十二届大北农科技奖一等奖，有力保障贵州 700 万亩干净茶和生态茶产业发展。

（三）发展高原特色蔬菜，助农增收成效显著

蔬菜栽培团队的张万萍在清镇、乌当和威宁等地进行设施和露地蔬菜高产优质栽

培技术示范，创建"揭榜挂帅"试验示范基地近 1 000 亩，集成应用土壤调理、机械化培土、高密度栽培等绿色生产技术，取得 4 个突破性成果：一是清镇韭黄与往年同期相比单产增加 10％，产值增加 5％，农残检测 100％合格，全域实现绿色栽培，央视新闻和省级媒体多次报道；二是设施蔬菜产量提高 50％以上，商品率提高 30％，农药使用量降低 30％，产品质量合格率 100％；三是威宁县白菜根肿团队实现根肿病发病减少 50％以上，经济效益提高 10％，白菜根肿病得到有效防控；四是蔬菜优良新品种应用、绿色防控、土壤调理等新技术 10 项以上，培训农技人员或农户 500 人次以上。2022 年，李炳军省长两次到大木村进行产业调研，张万萍教授获评 2022 年"最美科技工作者"，蔬菜"揭榜挂帅"团队 5 人获得"贵州省蔬菜产业先进个人"称号。

（四）服务精品水果产业，发挥山地农业优势

水果团队的潘学军、文晓鹏、龙友华在息烽和镇宁开展猕猴桃和蜂糖李集成示范省力化宜机化、土壤改良、避雨栽培、高效授粉、丰产树形及架型改造、绿肥及以草抑草、绿色防控技术，培育社会化服务组织。建设蜂糖李示范基地 1 000 亩、猕猴桃示范基地 3 000 亩，辐射带动 10 000 亩，取得两个突破性成果：一是蜂糖李亩产量达 250 千克以上，农残检查合格率达 100％，实现优质果率 90％以上，亩产值 10 000 元以上；二是猕猴桃平均亩产提升 10％，病虫危害损失率控制在 5％以内，优质商品果率提高到 85％以上，农残检测合格率达 100％。

（五）壮大生态畜牧业，支持地方经济发展

生态畜牧业的陈超、陈祥、张福平、姚俊杰分别在德江建立肉牛养殖示范基地（500 头），在习水建立肉羊高效养殖示范基地（5 000 头），在播州区建立生猪养殖示范基地（10 万头），在纳雍建立贵州地方鸡种质资源库，发掘利用贵州稻田鱼类资源；为贵州省编制畜牧业"十四五"发展规划 1 个、种业行动方案 1 个，参与编制贵州省"十四五"种业发展规划 1 个、校地乡村振兴产业规划 10 个、校企合作发展规划 6 个，建立黔北麻羊产业研究院。团队服务地方 500 余人次，为贵州省地方政府、养殖企业、养殖合作社和养殖户提供决策咨询服务 100 余次，深入乡镇进行现场指导 300 余次，开展技术培训 132 场次；指导建植人工草地 50 余万亩，改良天然草地 20 余万亩，受益群众达 2 万余人。

三、存在问题

（一）攻关靶向性需进一步加强

贵州属典型的山地农业，农作物涉及粮油及茶叶、蔬菜等特色优势作物，涉及的

主产区面广、涉及产业链环节的关键问题多。"揭榜挂帅"要进一步聚焦主导产业在主产区的关键问题，聚焦"绿色、优质、高产"的核心问题，提供人才、团队和技术支撑，要做到榜单"制得准"。

（二）协作模式与力度需进一步提升

贵州产业地区间发展不平衡，农业存在普遍性问题和特殊性问题，榜单涉及面广、问题多、情况复杂。农业科技人员需要加强与省、市、县各级行业部门、农业服务经营主体、种植大户的深入交流，提升高校、科研院所、业务部门、龙头企业、合作社、示范基地的协作力度，力争榜单"做得好"。

（三）成果的转化与应用需进一步强化

当前，贵州省主导产业还存在龙头企业规模小、效益差、辐射带动能力不足等问题，迫切需要围绕主导产业和龙头企业，整合国家和地方农业产业技术体系力量，集中攻关，强化对优秀榜单和熟化成果的宣传报道及转移转化，力争榜单"见成效"。

四、下一步工作打算

（一）指导培育地方主导产业

农业产业是乡村振兴的基础，培育农业主导产业能促进农民致富增收，促进农业产业发展。贵州大学将充分利用学科、团队、人才和技术的优势，与行业主管部门、农业企业、地方政府、农业经营主体、农民共同研究，选准主导产业，用产业服务贵州乡村振兴战略。

（二）积极发挥示范引领作用

针对粮油及茶叶、蔬菜等特色优势作物，集中贵州大学学科、人才和技术优势，联合省、市、县各级行业部门、农业服务经营主体、种植大户等共同参与，在农业主产区建立核心示范点，通过举办田间技术学校，召开技术示范观摩培训会，及时通过新闻媒体进行宣传报道，充分发挥技术示范引领作用，让"揭榜挂帅"作为长效机制服务乡村振兴。

（三）对农民开展零距离的技术服务

广泛动员涉农专业的师生积极参与创新创业行动，深入生产一线调研产业发展问题，为产业的发展攻关新技术，引进培育新品种、新装备，为培育产业组建团队和构建平台，通过专家小院、农民田间培训学校、"新农人"培训班、"十百千"行动，为农民、农业经营主体开展零距离的技术指导服务，将新技术、新方法、新品种、新设备送到田间地头，将贵州大学师生的真情送到千家万户，用农业技术服务国家乡村振兴战略。

【政策建议二】

以稻牧渔种养循环产业为基础的乡村振兴对策建议
——以剑河县南明镇河口村乡村振兴模式为例

河口村位于剑河县南明镇西部，地处剑河、天柱和三穗三县交界之地，平均海拔为 460 米，总面积为 4 905 亩，属四面环山盆地结构。全村共 16 个村民组，总户数 234 户，人口 1 030 余人，总耕地面积 704 亩，其中稻田 345 亩。村委会距镇政府所在地 3 千米、三黎高速桐林站 30 千米、沪昆高铁三穗站 60 千米、剑河县城 90 千米。2020 年该村退出贫困村序列。

课题组通过现场走访、交流座谈、问卷调查等方式对该村推进乡村振兴集成示范试点开展调研，梳理总结该村发扬黔东南地区"稻＋"模式，促进传统产业提质增效，带动产业发展的基本思路与主要做法，破解民族山区农村产业培育的问题，为贵州乃至西南山区乡村全面振兴提供参考借鉴。

一、面临的主要问题及其破解的基本思路

通过调研，河口村当前主要面临缺乏产业基础、经营主体、技术支持和市场需求等问题，特别是贵州山区农村普遍存在的产业培育关键问题。

（一）农田设施条件差，农业综合产值低

河口村距离三县县城较远，道路交通行驶时间长达 2 小时左右、农产品运输成本高至 300～500 元/吨。农田防洪排灌和交通基础设施薄弱，高标准农田占该村稻田总面积 30％。种植模式依赖露地种植，农业用工成本高，农田综合效率低，冬季稻田的闲置率高达 65％；农机装备少，农机化率不足 20％，低于全国平均水平约 50 个百分点。

（二）种地积极性不强，缺乏全产业链支持

河口村土壤相对贫瘠、耕作相对粗放，农业综合效益低，亩产值不到 1 800 元，常年不能自给，农民种地积极性不高。全村外出务工人员占适龄劳动力的 80％以上，没有致富能手、种植大户。该村缺乏专业化经营服务组织、经营主体和主导产业，导致产业规模小、品牌引领缺乏、深加工能力不足、产业链不长、附加值不高等问题。

（三）主导产业不突出，缺乏品牌支撑

河口村产业涵盖了水稻、玉米、大豆、马铃薯、食用菌、蜜桃、金秋梨、柑橘、

生猪、家禽、桑蚕等，但产业规模不大，如户均稻田面积约 3 亩地，年稻谷产量不到 1 500 千克，稻谷产值不到 3 600 元，稻田鱼和鸭产值不到 1 000 元（鱼 800 元＋鸭 200 元）。单品种水果种植面积均不超过坡地面积的 15％。

二、主要做法与成效

在各级党委政府的支持指导下，在贵州大学、贵州省农业农村厅等帮助下，村委会与村合作社广泛发动群众，研究土地管理机制和创新产业发展模式，大力挖掘并培育内生动力，通过产业兴旺全面带动人才振兴、文化振兴、生态振兴、组织振兴，着力破解产业培育难题，在 3 个方面改革创新，取得实效。

（一）创新土地资源的经营和统筹管理模式

村集体、企业和农民共同探索土地托管和统筹经营的资源管理模式，实现土地周年高效利用。农户将自己的承包地交付村集体，村集体将土地生产经营权承包给企业，企业根据土地质量等级每年支付 700～800 元/亩的租赁费。该村依托省市县财政开展高标准农田建设，制订剑河县稻田种养的高标准农田建设方案，引进贵州山至金生态农业有限公司投入 400 余万元基地建设资金，改建和扩建稻牧渔生态循环种养高标准农田共 800 亩，全村稻田 100％完成标准化建设。在此基础上，按照"5：3：2"的比例对产业收益进行分配，即 50％归企业，30％归集体，20％归农民。同时，农户从土地劳作中解放出来，以企业聘用人员身份参与企业的田间管理，年工资性收入为 1.2 万～1.5 万元。这不仅充分利用了土地资源，完成了应种尽种和满种满收的任务，而且通过土地资源创新了农户、村集体、企业（合作社）共赢的利益联结机制。

（二）创新从向稻米要产值升级为向稻田要产值的全产业链发展模式

河口村现有耕地面积 704 亩，与南明大坝连为一体，整坝面积 2 750 亩。河口村"两委"积极引进知名稻米生产企业——贵州山至金生态农业有限公司，依托中国工程院罗锡文院士团队，在贵州省农业农村厅指导下在南明坝区启动了贵州首个"无人农场"建设，全村农机化率提高至 95％。特别是水稻播种机插实现了零的突破，并且一步跨越到插秧机插秧技术、直播机直播技术、无人驾驶旱直播机直播技术与无人驾驶机插秧技术的应用。与贵州大学水稻绿色防控与生态调控团队合作，开展种养产业的示范推广，全力推进"稻＋"的种养新模式，即"稻＋鱼"、"稻＋螺"、"稻＋鳝"、"稻＋鸭"等，一揽子解决群众"米袋子"和"钱袋子"问题，实现了产业转型和产值升级。截至 2022 年，累计投入建设资金 600 余万元，稻田综合产值从 2 600 元增加至 8 500 元，培育了鱼、螺、鳝、鸭等稻田水产养殖产品，并开展冬闲田种植牧草及冬季种植"供粤菜"和早春菜等产业，农田年综合产值达 13 000 元/亩，利润达 5 800 元/亩。

（三）创新从产品生产到品牌培育的农业价值增长模式

河口村采取"党建＋合作社＋公司＋农户"经营模式，以贵州山至金生态农业有限公司为经营管理主体，推广"稻＋"试验示范项目450亩，组织稻米生产、加工和销售，创新"线上订、线下管""春播交定金、秋后寄新米"等共享稻田的经营新模式，基地产出的优质稻比普通稻米每千克高出6～10元。通过全村"稻＋"的产业培育，找准产业发展定位，通过村民、村集体和企业的齐心协力，形成特色稻螺、特色稻鳝等水产品种。同时，该村积极发展精品黄桃、金秋梨、大血藤、杨梅、板栗、柑橘等水果产业400余亩，以水稻、水产、水果为象征的"三水"产业逐步成形，并积极向品牌创建转化。培育2家专业合作社、建设1家黔东南特色稻田农耕文化餐饮店和1家民俗酒店，形成1拖10的"民俗酒店＋乡宿庭院"的发展格局，不仅为该村村民提供50余个岗位就业，更重要的是探索出一条全村广泛参与的乡村振兴新路径。

三、对策建议

（一）统筹利用土地资源，促进产业发展

探索将土地有偿托管给村集体，村集体、农户和企业共同制定高标准农田的标准，并托管给企业管理，由企业统一改造，为农业产业的规模生产和统筹经营奠定基础，同时以利益分配为纽带，将村集体、企业、农户联结在一起；有效解决"谁来种地？谁会种地？谁愿种地？"的问题。建议各地因地制宜，根据产业需求，创新适合联产承包责任制下基于不同区域和不同特色的土地经营管理机制，加快为乡村产业发展提供长效的保障机制。

（二）创新全产业链协作模式，夯实产业基础

基于黔东南传统稻田种养的资源禀赋，河口村利用当地水源条件，在传统稻鱼鸭基础上集成了"稻蛙鱼螺鳝"稻田模式，提高了稻田综合产值，夯实了黔东南稻田文化底蕴，延长了产业链，做强了品牌，提升了价值，推动黔东南稻区村民走致富乡村振兴"稻"路。建议山区各地应因地制宜，加快培育农业主导产业，重视种养循环，壮大特色产业，健全农业全产业链。

（三）创新农业品牌的增值模式，助力乡村振兴

传承黔东南稻作文化，打造地方特色稻米品牌，稻米单价得以提高，稻米销售市场得以拓展。农民从过去种稻只为解决口粮问题转变为收入增加。利用剑河得天独厚的水资源，该村发展了特色水产品牌，稻田产值增加了一倍以上，通过冬季牧草养殖发展了肉牛肉羊产业，创新"一田两用""一水两用""水旱两用"的品牌增值模式，

农民得到了实惠，收入得到提高。建议各地根据自身资源禀赋，积极创建品牌，通过品牌推动农业的发展。

【政策建议三】

做强特色产业，写好"山字经"，推动宜居宜业和美乡村建设

对门山村位于贞丰县龙场镇西部，面积为 6.2 平方千米，下设 13 个村民小组，现有人口 519 户 2 788 人，布依族和苗族人口占全村总人口的 43%。该村传统文化浓郁，是典型的西南山地特色村寨。该村布依族"铜鼓十二调"于 2006 年列入国家级非物质文化遗产名录，2014 年被文化部评为"中国民间艺术之乡"。由于该村耕作条件差、产业结构偏、农民收入少，被国家列为三类贫困村。贵州大学作为贞丰县对口合作帮扶单位，自 2016 年来，持续通过校地结合、校农合作、人才输出、科技引领、农业示范等形式对贞丰县进行帮扶；2022 年，中国工程院农业学部"西南地区乡村振兴集成示范试点村的战略研究"重大项目组通过现场走访、交流座谈、问卷调查，发现该村最大的问题是"产业支撑缺乏人才"，并派驻团队在该村建立工作组，参与试点示范，旨在梳理总结该村破解民族山区农村"人才与产业脱节"的问题，打造特色、带动产业的基本思路与主要做法，供贵州乃至西南山区乡村全面振兴参考借鉴。

一、当前农村产业培育面临的普遍难题

对门山村位于贞丰县龙场镇西部，与兴仁市接壤，海拔为 700~1 500 米，总面积为 6.2 平方千米，属于典型的喀斯特山地结构。全村有 13 个村民组，总户数 519 户，有乡村人口 2 788 人。居民以布依族、苗族为主。该村交通便利，位于惠兴高速沿线。对门山村是典型的西南喀斯特山区农村，耕地质量差，长期以来，产业培育一直面临多重困境。

（一）农村基本经营制度落后，缺乏市场经济活力

农村基本经营制度是农业发展、农村繁荣、农民增收的制度保障。一直以来，对门山村在农地产权制度探索和农村经营组织培育上均显得不足，全村农业企业、合作社等经营主体少，企业、合作社及农户的合作成效不显著，社会化服务组织缺乏，基本经营制度停留在以家庭承包经营为基础的基本制度上，集体组织活力弱，农民生产积极性不强，农业缺乏主导产业，没有知名品牌或有影响的地方公共品牌，产业的市场竞争力弱，农村经济缺乏活力。

（二）农业和农村基础条件薄弱，脱贫攻坚和乡村振兴任务艰巨

产业的基础设施薄弱，农田设施条件差，灌溉、交通运输等基础条件缺乏，农产

品加工能力弱，缺乏农产品包装、冷藏、运输条件，农业生产投入高、农田综合产值低，产业链较短，循环经济模式缺乏。产业的规模化、标准化、集约化程度不够。村集体经济缺乏活力，群众自筹资金困难，财政投入资金有限，产业发展资金难以保障，产业培育难度大，导致青壮年劳动力外出务工多，本地常住人口少，脱贫攻坚和乡村振兴的困难多、任务重。

（三）农业主导产业不突出，缺乏品牌支撑

乡村振兴的核心是发展主导产业。2016 年前，对门山村产业涵盖了玉米、水稻、油菜、烤烟、花椒等传统低效作物，但产业规模不大、效益不突出，没有主导产业。大部分村民在外务工，没有致富带头人、产业能手和专业合作社。

（四）做强茶叶特色产业，做优蔬菜富民产业，做特养殖增效产业，有效解决全村产业问题

产业发展是脱贫致富、乡村振兴的重要抓手。对门山村紧扣产业发展，因地制宜谋划了"一叶一果"（茶叶和圣女果）和畜牧养殖业，通过"长短相依""循环利用"的模式筑牢全村主体产业。

1. 创新发展社会化服务和新型农业经营主体模式

对门山村坚持法治、德治与自治相结合，村"两委"紧扣本村民族村寨的特色优势，利用市场机制，以村民在管理服务上的需求和存在的问题为导向，按照民主协商、搭建平台、组织人员、试点实施的方式，邀请德高望重的寨老、乡村能人、困难群众代表等组建"互助会"。集中村内的部分办公经费、社会捐赠经费和非遗铜鼓文化活动经费等，从乡风文明建设到产业发展，探索全村社会化服务模式。例如，"互助会"成立村民公约"红黑榜"监理会，"整五脏""治六乱"等社会化治理成效显著；"互助会"选派能人到先进地区学习蔬菜种植管理技术，并从山东引进蔬菜种植能手成立专业合作社，通过蔬菜大棚生产错季蔬菜和反季蔬菜，吸纳农民就近务工，增加了农民的收入。"互助会"提升了对门山村经营服务能力，围绕产业成立了一批新型农业经营服务组织，全村农民陆续返村创业，对门山村村民生活蒸蒸日上，日子红火。对门山村近年获"全国文明村"、贵州省省级"十佳美丽乡村"和"文明创建示范村"等荣誉。

2. 创新校地合作模式，增强贫困地区群众内生动力，服务脱贫攻坚与乡村振兴

坚持"人才是经济社会发展第一资源"理念，营造良好创业环境，为人才搭建干事创业平台，蓄人才之水养发展之鱼，提供强有力的人才支撑，是推动乡村振兴战略的基础保障。贵州大学充分利用学科、团队、人才和技术的优势，采用科教人才挂职帮扶和校农结合模式，从产业的"两头"为当地注入思想、技术、市场的活力，通过创建"科技小院"和"农民田间培训学校"，发起"博士村长"计划，经过持续多年

的帮扶和地方政府支持，农民发展产业的内生动力得到激发。例如，2018 年以来，陈勇任驻村第一书记，围绕全产业链，建立第一书记牵头制定茶、蔬菜、羊产业制度，陈祥、陈卓作为茶叶、蔬菜和羊产业导师，带领全校涉农学科师生参与村"两委"班子负责的产业发展模式，茶叶、蔬菜和羊迅速成为当地主导产业，如今形成了5 000 亩规模的茶产业规模，黄金芽、白茶每亩收益达 1.3 万元，基本实现全村户户有茶，人人有业。

3. 培育优势特色产业，创新村民收入模式

对门山村气候属于典型的高海拔、多云雾、寡日照气候，全年积温高，地热丰富，适宜种茶和发展早春茶、名优茶。同时，该村具有种茶的历史，然而规模不大，效益不好。自 2017 年，陈勇带领合作社新建白茶、黄金芽茶叶基地 4 000 余亩，全村 70% 以上的农户种上黄金芽和白茶等名优茶。为了进一步提质增效，自 2019 年，宋宝安院士团队在该村开展茶叶绿色防控的示范，实施"以虫治虫、以草抑草、以菌治菌和免疫诱抗"技术，全村基地茶叶无一例农残超标。村合作社采买名优茶制茶设备，贵州大学专家进行现场指导，传授制茶技艺。黄金芽基地批发价为 1 720 元/千克，白茶价格为 876～1 560 元/千克，每亩茶叶效益 8 000 元左右，户均增收 7 000 元以上。为打造高端茶叶品牌，陈勇带领合作社注册"贞兮"茶叶商标，成立贵州贞兮茶业有限公司，对门山村的白茶、黄金芽茶叶参加 2021 年中国茶学会名茶评比，获评"四星名茶"奖项。同时，经世界茶联合会举办的第十三届国际名茶评比，贞兮白茶获评金奖。茶产业作为"一村一品"成为对门山村的产业名片。

同时，对门山村争取项目支持和通过招商引资。一是建成蔬菜和食用菌基地大棚48 个，可为村集体提供稳定收入和效益分红，全村生产的蔬菜每年销售贵州大学食堂就达 15 万元，在蔬菜丰产期有力解决了全村销售难题。村合作社连片进行土地流转共1 000 亩，发展蔬菜产业，引进企业签订产销对接订单购销合同，村合作社组织实施种植，一年内可为参与产业基地务工的农户发放工资合计近 300 万元，蔬菜村合作社和村平台公司也被评为农业产业的州级龙头企业。二是村合作社与企业合建的年出栏 3 000 头生猪的养殖场每年获得 12 万元以上的效益分红。三是建立两座光伏扶贫电站，每年为村集体带来 27.5 万元的分红。

二、破解农村产业培育难题，促进乡村振兴的建议

农村产业是促进乡村振兴的基础，制度和人才是促进乡村振兴的前提和保障。因此，探索基层经营制度、培养基层适用人才、培育主导产业是乡村振兴的重大任务。通过对门山村产业发展的调研，探索建立新型农业经营主体、增强社会化服务能力、培养基层适用人才、培育主导产业，对于乡村振兴意义重大。

（一）人才依托、产业培育，发展新型农业经营主体和社会化服务

对门山村在全县率先创办第一家村级合作社、村级平台公司和村级互助会等基层平台组织。根据发展需要，对门山村设立村党总支，党总支下设村党支部和村合作社党支部，贵州大学教授任第一书记，把党的基层组织建在产业链上，充分维护广大农民的利益，群策群力探索土地集中流转和承包的制度，并成立茶叶协会和蔬菜协会，通过茶叶、蔬菜和畜牧养殖田间培训学校，邀请专家长期授课和线上线下指导。通过基层党组织和群众组织的不断完善，对门山村逐渐形成了"社员是村民、村民是股东、村民是学员、挂职干部是教师"的"校、村、社三联体"发展格局。

（二）发挥人才、科技、教育对乡村振兴的支撑引领作用

乡村要振兴，产业是关键。当前，发展现代山地高效农业，是推动山区传统农业向现代山地高效农业发展的必然趋势，现有村集体、企业、合作社缺少人才、缺乏技术、产业链短、管理能力弱，导致产业发展缺乏可持续性。因此，积极发挥人才、科技、教育对乡村振兴支撑引领作用。号召高校农业技术人员把先进适用技术送到田间地头，交到农民手中，把论文写在大地上。要引导回乡大学生、乡贤、外出务工人员回乡创业，培育龙头企业，培养致富能手和产业带头人，推动村集体产业可持续发展。

（三）因地制宜选择产业是乡村振兴的前提保障

产业要发展，找准合作社、平台公司和群众的利益联结共同点，激发群众的内生动力和参与意识是关键。为改变以前农户发展产业单打独斗的局面，让他们的收入得到持续增加和有效保障，村合作社动员农户将产业资金、农户土地资源和入股资金通过"三变"模式融入村产业体系，以土地、资金、技术等方式量化入股村合作社，村民可以获得土地流转费、劳务用工报酬、政策性补贴和效益分红等多重收入，有效激活农户的内生动力，盘活全村人力、土地等资源，通过产业结构推动产业社会化、村民股民化，通过产业发展服务乡村振兴。

【政策建议四】

脱贫地区防止规模性返贫面临的现实问题与对策建议

当前，我们正面临巩固拓展脱贫攻坚成果、坚决守住不发生规模性返贫底线的重要任务。中国工程院西南乡村振兴战略研究项目组调研发现，在我国乡村振兴较为艰巨的云贵川地区，年人均可支配收入在 1 万元以下的群体仍然超过脱贫人数的 10%，防止规模性返贫面临农村产业不强、人才外流、城乡要素流动受阻、城乡公共服务仍不平衡的挑战。为此有如下建议：通过壮大乡村特色产业促进农民持续增收、加快城乡要素双向流动和向乡村聚集、健全农村社会保障和公共服务体系等措施，坚决守住不发生规模性返贫的底线。

一、当前形势判断

2020 年，云贵川三省共 2 481 万贫困人口全部脱贫（云南 933 万人、贵州 923 万人、四川 625 万人），与全国一道取得了脱贫攻坚战的全面胜利。特别是近 3 年来，三省克服新冠疫情影响，上下一心、多措并举，防止规模性返贫，稳步推进乡村振兴。但我国乡村振兴建设最为艰巨的地区在西部，西部省份乡村振兴最为艰巨的地区在云贵川。2022 年，三省农村居民人均可支配收入为 15 842 元，仍远低于全国农村 20 133 元的平均水平。其中年人均可支配收入在 1 万元以下的仍超过脱贫人数的 10%，不少脱贫人口致富的能力不牢固，返贫的风险仍然存在。

二、防止返贫面临的挑战

（一）乡村产业不强不优、人才外流

目前大多西部的乡村产业不强，表现为产业链短，产业缺乏活力，主要问题在于乡村基层组织资源配置能力弱。劳动力流动、资本配置、土地制度、人才技术等方面缺乏宏观政策和有效支持，2022 年全国农村外出劳动力达到 1.7 亿人，增长 0.1%。但农民工的就业竞争力较低，如云南省 2021 年 946.1 万农民工中，高中及以上文化程度的仅占 24.8%，全省脱贫劳动力 450 万人中，初中以下的占 46.5%。此外，近年来，县乡级农业技术人员流失严重，乡村级农技人员"在编不在岗"和"在岗不在位"现象突出。在乡村产业体系建设上过度重视种植业、养殖业生产环节的技术指导，加工、营销、电商等方面的技术和人才严重短缺。农村产业发展不平衡与产业后端缺乏技术支撑并存，农民时有"种得越多，亏得越多；丰产不丰收"的风险。2021 年年底，云南省有 23.4% 的脱贫户收入下降，有 5 个州（市）收入下降的脱贫户占比超过 30%。

（二）城乡要素流动受阻

2022 年年末，全国常住人口城镇化率为 65.2%，从户籍上分析，有一半来自农户转移。当前，从农业流动到非农业就业的农民工有 2 亿人。据预测，2035 年以前，全国还将有约 1.6 亿人从农村转移到城镇，常住人口城镇化率峰值将为 75%～80%。但受户籍制度的限制，许多农民在城市的就业和生活还难以得到保障。同时，乡村基础设施落后、集体经济滞后、乡村人才匮乏、产业缺乏动能，导致居住在城市的农民工也不愿返乡发展。此外，受土地、人才、金融等政策限制，城乡之间对先进要素和资源的吸引和承载能力存在差异，无法形成有效的双向流通与循环。

（三）城乡公共服务仍非均等

城乡要素双向流动需要享受均等公共服务。当前，我国城乡教育、文化、医疗、

养老、社会福利差异大，导致农村"空心化"日益严重。以城乡教师队伍建设为例，近3年调查数据显示，全国小学平均师班比为2.02∶1，其中城区为2.04∶1、镇区为2.11∶1、乡村仅为1.88∶1。此外，近年来，农村低收入人口和脱贫人口参保率稳定在99％以上，但基本医疗保险的人均资助额度低（仅为202.6元），农民患恶性肿瘤后的门诊放化疗、尿毒症透析、器官移植术后抗排异治疗的异地就医和跨区结算难度大，因病致贫和返贫的情况不容忽视。

（四）地质灾害较多

云贵川高原区域频发崩塌、滑坡、泥石流等地质灾害，对该地区基础设施建设、产业发展、生态保护等方面造成的影响不容忽视，给该地区防止规模性返贫带来不利影响。据2020年调查统计，全国受灾人口13 829.7万人，云贵川等西部八省域总受灾人口为2 599.4万人，达18.8％，其影响面大，持续时间长。

三、对策建议

（一）壮大乡村特色产业，促进农民持续增收

加大高标准农田建设和丘陵山地宜机化改造，加强农产品的产后处理和加工，延伸产业链、增加农业产值，提高效益。强化劳动力在技术、信息、市场等方面的职业培训，实施乡土人才回引计划和"新农人"工程。坚持走"一村一品"发展路子，因地制宜挖掘特色产业资源，大力发展"公司＋合作社＋村民"经营模式、"民俗＋庭院＋避暑"民宿模式、"民俗＋避寒＋养生"体验模式和"乡土文化＋地貌旅游＋手工参与"融合模式。

（二）加快城乡要素双向流动和向乡村有效聚集

健全人才入乡的激励机制，探索乡村人才培养使用机制，构建服务乡村产业的人才管理体系。推进城镇基本公共服务均等化，实施城乡无差异户籍制度，建立人口流动和土地权益的匹配制度，提高农业转移人口市民化质量。创新城乡统一建设用地市场的政策和制度，推动集体经营性建设用地入市制度，建立农民土地公平合理的增值收益分配制度。创新乡村高效产业用地制度，主动适应乡村新产业的发展需求。改革宅基地制度，为联合发展家庭农场、农家乐和乡村旅游、增加收入来源提供土地保障。拓展乡村建设资金来源渠道，发展农村数字普惠金融，引导国有银行、国有大型企业主动担当作为，通过利益联结参与农村产业发展和金融服务。推进城乡金融服务均等化创新实践，破解经营权直接抵押、"经营权＋地上附着物"抵押和第三方全程参与市场化风险处置的瓶颈。

（三）健全农村社会保障和公共服务体系

加大公共要素的投入，补齐农村基础设施和公共服务保障短板。改革城镇职工和城乡居民的基本养老保险制度，实现社会保障均质化，改革农民工及配偶、子女居民医疗保险制度，实现城乡间劳动力的畅通循环。根据乡村特点进行规划和试点建设，对有潜力发展的乡村，在基础设施建设上优先给予重点投入，率先实现城乡公共基础设施条件均等，强化数字乡村建设，实现教育、医疗、文化、养老和社会保障服务资源均等，为人口城市和乡村双向转移创造条件、树立样板。突出县域统筹布局优化公共服务，推动城乡普惠共享基本公共服务。

【政策建议五】

推动山地循环种养现代化一体守住"米袋子""钱袋子"

党的十八大以来，习近平总书记用大历史观看待农业农村农民问题，就做好"三农"工作发表一系列重要论述，指引农业农村发展取得历史性成就，指出"从世界百年未有之大变局看，稳住农业基本盘、守好'三农'基础是应变局、开新局的'压舱石'"，并强调"调动农民种粮积极性，关键是让农民种粮有钱挣""耕地就那么多，稳产增产根本出路在科技"。围绕如何在守稳"米袋子"的同时，让种粮老百姓更多鼓起"钱袋子"。中国工程院院士、贵州大学校长宋宝安带领课题组在贵州省剑河县南明镇河口村调研"稻＋"模式后认为，促进传统产业提质增效，关键在于依靠科技力量因地制宜大力发展现代循环种养。

一、当前农村产业培育面临的普遍难题

河口村位于剑河县南明镇西部，地处黔东南州剑河、天柱和三穗三县交壤之地，平均海拔为 460 米，面积为 4 905 亩，属四面环山的盆地地形。全村共 16 个村民组，总户数 234 户，人口 1 030 余人，总耕地面积 704 亩，其中稻田 345 亩。村委会距镇政府所在地 3 千米，距三黎高速桐林站 30 千米，距沪昆高铁三穗站 60 千米，距剑河县城 90 千米。长期以来，村内产业培育一直面临多重困境。

（一）农田设施条件差，农业综合产值低

河口村距离三县县城较远，道路交通行驶时间长达 2 小时左右，农产品运输成本高至 300～500 元/吨。农田防洪排灌和交通基础设施薄弱，高标准农田占该村稻田总面积 30％。过去的河口村是典型的传统农业村，在品种、技术、人才等方面缺乏科技支撑。种植模式依赖露地种植，农业用工成本高，农田综合效率低，冬季稻田的闲置率高达 65％；农机装备少，农机化率不足 20％，低于全国平均水平约 50 个百分点。

（二）发展农业积极性不强， 缺乏全产业链支持

河口村土壤相对贫瘠、耕作相对粗放，农业综合效益低，亩产值不到 1 800 元，常年不能自给，农民种地积极性不高。全村外出务工人员占适龄劳动力的 80％以上，没有致富能手、种养大户。缺乏专业化经营服务组织、经营主体和主导产业，导致产业规模小、品牌引领缺乏、深加工能力不足、产业链不长、附加值不高等问题。

（三）主导产业不突出， 缺乏品牌支撑

河口村产业涵盖了水稻、玉米、大豆、马铃薯、食用菌、蜜桃、金秋梨、柑橘、生猪、家禽、桑蚕等，但产业规模不大、效益不突出。例如，户均稻田面积约 3 亩地，年稻谷产量不到 1 500 千克，稻谷产值不到 3 600 元。单品种水果种植面积均不超过坡地面积的 15％。

二、"稻＋"种养新模式一体解决"米袋子"和"钱袋子"问题

在各级党委政府的支持指导下，河口村与贵州大学专家团队合作开展种养产业示范推广，推进"稻＋"现代种养新模式，稻田亩综合产值从 2 600 元（水稻 1 600 元＋油菜 1 000 元）增加至 8 500 元（水稻＋水产），一体解决"米袋子"和"钱袋子"的难题。在产业培育过程中，河口村主要从 3 个方面深度开展改革创新。

（一）创新土地资源的经营和统筹管理模式

村集体、企业和农民共同探索土地托管和统筹经营的资源管理模式，创新出西南山地的高标准农田建设的新模式，实现土地周年高效利用。农户将自己的承包地托管给村集体，村集体将土地生产经营权承包给企业，企业根据土地质量等级每年支付 700～800 元/亩的租赁费。该村依托省市县财政开展高标准农田建设，引进知名稻米生产企业——贵州山至金生态农业有限公司投入 400 余万元，改建和扩建稻牧渔生态循环种养高标准农田共 800 亩，全村稻田 100％按时完成标准化建设。在此基础上，按照"5∶3∶2"的比例对产业收益进行分配，即 5 成归企业，3 成归集体，2 成归农民。同时，农户从土地劳作中解放出来，以企业聘用人员身份参与田间管理，年工资性收入为 1.2 万～1.5 万元。这不仅充分利用土地资源完成了应种尽种和满种满收的任务，通过土地资源创新了农户、村集体、企业（合作社）共赢的利益联结机制，而且牢牢守住 18 亿亩耕地红线。

（二）创新服务多元化食物供给体系构建的全产业链发展模式

河口村依托宋宝安院士团队，立足贵州省黔东南稻田种养的非物质文化资源禀赋，通过创新"稻＋"现代种养模式，即在种稻的同时，根据稻田物质能量循环原

理，依托稻田生态空间立体饲养鱼、螺、鳝、鸭等水产品，形成"稻＋鱼""稻＋螺""稻＋鳝""稻＋鸭"共生，最大限度地减少农药和化肥及人工的投入，在收获优质生态稻米的同时收获鱼、螺、鳝、鸭等水产品，并在稻季后间种冬季牧草、"供粤菜"、早春菜等农产品。农田全年水旱轮作综合产值达 1.3 万元/亩，利润达 5 800 元/亩。同时，河口村与罗锡文院士团队合作启动建设贵州首个"无人农场"，实施稻田耕种管收的全程机械化，全村机械化率提高至 95%，并在水稻播种机插方面实现了零的突破，一步跨越至包括钵苗机插秧、机直播和无人机直播与机插秧、无人机精准防治技术在内的先进机械化水平。

（三）创新从产品生产到品牌培育的农业价值增长模式

河口村采取"党建＋合作社＋公司＋农户"经营模式，以贵州山至金生态农业有限公司为经营管理主体，组织稻米生产、加工和销售，创新"线上订、线下管""春播交定金、秋后寄新米"等共享稻田的经营新模式，基地产出的优质稻比普通稻米每千克高出 6～10 元，形成特色稻螺、特色稻鳝等水产品种。同时，积极发展精品黄桃、金秋梨、大血藤、杨梅、板栗、柑橘等水果产业 400 余亩，全村水稻、水产、水果"三水"产业逐步成形，并随之发展出 1 家黔东南特色稻田农耕文化餐饮店和 1 家民俗酒店，形成 1 拖 10 的"民俗酒店＋乡宿庭院"的发展格局，不仅为该村村民提供 50 余个就业岗位，还通过农业、农村、农民多个领域的全面协调发展探索出一条全村广泛参与的乡村振兴新路径。

三、破解农村产业培育难题促进乡村振兴的建议

（一）统筹利用土地资源，促进产业发展

探索将土地有偿托管给村集体，通过集中村集体、农户和企业智慧编制出适合西南山地高标准现代化农田的标准，并托管给企业管理和建设，形成了山地现代化设施农业发展的经验，为推动农业产业的规模生产和统筹经营奠定基础。同时，以利益分配为纽带，将村集体、企业、农户联结在一起，有效解决了谁来种地、谁会种地、谁愿种地的问题。

（二）创新科技驱动的全产业链协作发展模式，夯实产业基础

河口村基于黔东南传统稻田种养资源禀赋，利用当地水源地利条件，根据稻田生态原理，在传统"稻鱼鸭"模式基础上创新形成了"稻蛙鱼螺鳝"现代稻田种养模式，提高了稻田综合产值，夯实了黔东南稻田文化底蕴。通过种业现代化、农机现代化、植保技术现代化有机融合，推动全产业链发展，延长产业链，做强品牌链，提升价值链。农村特别是山区树立大食物观，因地制宜加快现代化建设进程，培育农业主导产业，重视

种养循环，构建多元化食物供给体系，壮大特色产业，健全农业全产业链。

（三）创新农业品牌的价值增值模式，助力乡村振兴

河口村传承黔东南稻作文化，打造地方特色稻米品牌，稻米单价得以增加，稻米销售市场得以拓展，并发展出特色水产品牌，农民得以从种稻解决口粮问题转变为增加收入，稻田产值增加一倍以上。各地应根据自身资源禀赋，发展乡村特色产业，积极创建品牌，通过品牌推动农业的发展，拓宽农民增收致富渠道。

【政策建议六】

"校农结合" 助推贵州乡村振兴

贵州省教育系统围绕贵州省乡村振兴战略，以贵州大学、贵州师范大学为代表的各高校充分发挥学校的资源优势和农业产品供给、就业增收、生态屏障、文化传承等功能，探索富有贵州教育特点的乡村振兴道路，全力实施"校农结合"消费帮扶、人才培养、品牌建设、产教融合、党建引领"五大行动"（以下简称"五大行动"），构建"大校农结合格局"模式，进一步巩固拓展贵州省教育脱贫攻坚成果，全面推进贵州的乡村产业、人才、文化、生态、组织振兴。

一、全力推进"校农结合"消费帮扶行动，助推产业振兴

（一）深入实施 "校农结合" 消费帮扶工作

以学生营养餐农产品消费需求为重点，建立贵州省"校农结合"产销平台，逐步实施"以销定产"的订单农业模式，实现需求与生产精准对接。按照"学校＋龙头企业＋农民专业合作社（种植养殖基地）＋农户"的组织模式，建立学校食堂与贫困农户的利益链接机制。

（二）搭建 "校农结合" 大数据综合管理平台

围绕贵州省农业产业结构调整，聚焦农产品供需信息，对"校农结合"大数据平台进行升级改造。贵州大学食堂积极推进财政部"832"平台和省教育厅"一码贵州·校农结合"大数据平台采购工作。2022 年，学校食堂总采购金额为 5 901 万元，财政部"832"平台和省教育厅"一码贵州·校农结合"大数据平台采购金额达5 557 万元（其中，财政部"832"平台线上采购金额 1 658 万元，"一码贵州·校农结合"大数据平台采购金额 3 899 万元），采购金额位列全省高校第一。

（三）积极探索 "校农结合" 联盟 （集团化） 工作模式

充分发挥地方高校在学校食堂农产品采购上的组团式帮扶作用，在试点的基础

上，组建一批贵州省"校农结合"产业帮扶联盟，发挥联盟（集团）的规模化采购优势，减少中间流通环节，降低食堂采购成本，建立可追溯的食品安全机制，实现乡村产业和学校双赢。

二、全力推进"校农结合"人才培养行动，助推人才振兴

（一）强化涉农院校人才培养

支持涉农的本科高校、职业院校围绕乡村振兴人才需求，打造一批线上线下精品课程，鼓励涉农本科高校建设一批农林专业"金专"，推动科教结合、产教融合协同育人的模式创新，构建校内实践教学基地与校外实习基地联动的实践教学平台，创新开展涉农学校学生创新创业活动，积极组织学生为家乡农产品代言等活动。

（二）强化大中小学劳动教育

积极开展大学生"三下乡"社会实践活动，积极传播先进文化和科技，体验乡村生活，调研基层社会现状。通过一系列实践活动提高大学生的社会实践能力和思想认识，同时更多地为基层群众服务。

（三）强化易地扶贫搬迁后续扶持力度

支持有条件的地方发挥地方师范类院校、职业院校的音、体、美学生的专业优势，帮助做好农村中小学课后延时服务，结合实际，优先安排实习学生到领办的易地扶贫搬迁安置点学校或帮扶地区的中小学校进行实习工作，助力农村中小学"双减"工作的实施。

（四）加强乡村人才职业能力培训

加强涉农院校人才培养和乡村人才职业能力培训，选聘 100 名"产业导师"，搭建各类研究平台 50 余个。启动部省共建"技能贵州"活动，推动中职、高职、本科职教协同发展，培养培训"黔匠"人才，努力推动 120 万个农村建档立卡户"1 户 1 人 1 技能"全覆盖。

三、全力推进"校农结合"品牌建设行动，助推文化振兴

（一）运维 "校农结合" 品牌

支持各地、各学校、各企业围绕农业产业发展需求，集成新技术，探索新模式，形成一批既有贵州特色，又符合学校食堂、超市需求的"校农结合"系列农产品，帮助提高主要农产品标准化、规模化、品牌化水平。探索在省教育厅机关食堂及省属高校食堂开设"校农结合"农产品体验馆，对其产品进行宣传推广，提升贵州生态特色食品和"校农结合"品牌知名度、影响力。

（二）做好试点先行，样板带动

坚持农业农村优先发展，按照产业兴旺、生态宜居、乡风文明、治理有效、生活富裕的总要求，整合涉农资金，争取项目政策支持，及时补齐短板，探索推行可复制、可推广的一批具有"校农结合"特色的农旅相结合的示范乡村、示范基地、示范学校。

（三）推进乡风文明建设

拓宽工作视野，将大学生创新创业大赛、农产品包装品牌设计大赛、文化创意大赛、产品品牌设计大赛及民俗民风挖掘、地理标志形象设计等各类赛事活动与助力乡村振兴有机结合起来，发挥学校在音乐、舞蹈、美术、书法、影视、传媒、设计策划、品牌打造等方面的优势，通过融媒体平台大力营造乡村文化振兴氛围，助力乡村旅游、乡村产品、乡村文化等领域经济增长点出现。

四、全力推进"校农结合"产教融合行动，助推生态振兴

（一）深化产教融合模式

围绕贵州十二大特色农业产业，加快高效育种、农业生物制造、农业标准化、农业大数据等农业产业链技术的创新、系统部署，提升关键核心技术，把论文写在乡村大地上。推进职业教育扩容提质创新发展，着力提升产业高效化、精细化、智能化、绿色化发展能力，助力贵州山地农业现代化持续健康发展。

（二）强化农业生态安全绿色创新

科学合理评估人居环境，开展农业发展绿色行动，推进节水农业、循环农业、气候智慧型农业发展，促进农业绿色生产和优美生态环境有机融合，农村生产生活方式绿色转型取得积极进展，化肥农药使用量持续减少，农村生态环境得到明显改善。

（三）加强美丽乡村建设

积极推广贵州大学"博士村长"计划，支持高校以建设美丽宜居村庄为导向，对农村垃圾、污水治理和村容村貌提升中的关键问题开展研究，系统突破农村人居环境整治关键问题，助推农村人居环境质量全面提升。

五、全力推进"校农结合"党建引领行动，助推组织振兴

（一）加强驻村干部和"第一书记"帮扶工作

坚持党建引领，切实做好驻村干部和"第一书记"的管理服务工作，督促指导其

充分发挥先锋模范作用，抓好基层党建，促进"校农结合"，推动农村产业发展，助力乡村振兴。

（二）开展"党建结对"帮扶行动

持续开展"双联双促"活动，以点带面提升党支部标准化、规范化建设和党建示范村建设。积极发挥高校党建优势，以帮助建好基层党支部作为工作重点，着力提高基层党组织组织力、增强基层党组织吸引力、激发基层党组织发展力，进一步发挥基层党组织在乡村振兴工作中的战斗堡垒作用。

（三）开展乡村振兴思想政治文化引领帮扶

有条件的地方和学校围绕乡村振兴，开展乡村思想政治引领、文化惠民服务、优秀文化传承发展、文明风尚传习、网络文化建设、乡村文化人才培育等方面的研究。

调研报告一
凤冈县进化镇临江村三新组特色产业调研报告

一、引　　言

三新组隶属于凤冈县进化镇临江村，由新龙、新村、新民三个自然村寨组成。在示范点建设过程中，三新组完善农户住房、村寨排水及水电路等基础设施，提升了村容村貌品位，同时也推动了当地产业的发展。如今，在社会各界和当地群众的共同努力下，一幅乡村美、产业兴、百姓富的美丽画卷正徐徐展开。

二、主要特征与现状分析

（一）主要特征

1. 区域分布

三新组隶属于凤冈县进化镇临江村，距离凤冈县城 18 千米，距杭瑞高速永兴匝道口 8 千米。

2. 基础条件与优势潜力

1）地域交通

三新组所处位置靠近高速路口，交通便利。距最近的汽车站 7 千米，距最近的火车站 86 千米，距最近的机场 52 千米。

2）土地资源

三新组由新龙、新村、新民三个自然村寨组成，总面积 1.34 平方千米（2 015 亩），土地面积 1 227 亩。

3）基础设施

通村公路和村内主要路面均为柏油路，沿路设有路灯。村内有百货店 2 个、卫生室 1 个，能基本满足村民生活所需。

4）人口结构

全组有劳动力 686 人，长期外出务工人员 159 人，其中 6 人有返乡创业意愿。有乡村致富能手 25 人。

（二）现状分析

1. 产业发展状况

三新组为集聚提升类村庄，村庄发展方向明确，在原有规模基础上改造提升，激活产业、优化环境、增添活力。本村农户参与合作社的有 7 户，有新型经营主体 4 个，省级以上农产品企业品牌 1 个。本村主导产业是有机水稻、茶叶和肉牛，其中，茶叶 360 亩、优质水稻 507 亩、肉牛 1 350 头。该组现有原农米业、三新大米加工坊、九龙三新生态农业综合开发有限公司、龙滩口肉牛养殖场、古之源茶叶发展有限公司、临江铁艺加工厂等市场经营主体。特色农产品主要在贵州省内销售，同时也有网络销售渠道。

三新组农户承包土地种植有机水稻，基本有农机辅助，由当地农业农村局提供农作物病虫害绿色防控与田间管护技术指导服务，由合作社统一购买种子。有机水稻特色品牌为临江米，种植的农户有 236 户，年收入为 253.5 万元。特色肉牛品牌为雪花牛肉，养殖规模为 1 350 头，有 4 户农户养殖，年收入为 3 780 万元。由于三新组紧邻九龙 3A 级景区，其休闲农业和乡村旅游产业也得到发展，每年接待约 15 000 人次，年收入为 750 万元。

三新组在推进产业发展中，用村规民约提升村民自治；鼓励返乡创业、引企入村，大力发展乡村产业。

2. 生态环境状况

三新组建筑统一采用黔北民居模式，每户均为庭院式结构，美观整洁。村庄绿化覆盖率达 40%，全组都已实现自来水入户和畜禽粪污处理。本村设有污水集中处理设施，排水为雨污分离，排水进入专门的污水管道。

三新组建成日处理能力 10 吨的集中式污水处理站 1 座，有效解决了农村面源污染问题。村内公共区域卫生由农户自觉轮流打扫，每户门前均放置有垃圾桶，生活垃圾每 3 天一次转运到城镇统一处理。

3. 乡村治理状况

三新组有党员人数 20 人，党员人数占本村总人口的 2.12%，有大学生干部 7 人。由村党组织书记兼任村委会主任，制定了村规民约，成立村民理事会，管理村内事务。在乡村治理工作中的特色做法是借助一中心一张网十联户，实现联动机制。

4. 乡村文明状况

学龄儿童入学率 100%，人口平均受教育年限 12 年。另外，村内还设有图书室 1 个，鼓励村民学习农业知识，村内广场每天都有广场舞娱乐活动，丰富村民生活。三新组在推进乡风文明建设中重视传统节日和习俗，开展关爱儿童、妇女、老人活动。

5. 生活水平状况

三新组目前农户人均纯收入约 1.2 万元/年，村集体收入 25 万元/年，参与新型农村合作医疗参合户数为 236 户、农村养老保险参保户数为 236 户，人均用电费用 460 元/年，使用宽带户数为 236 户，使用智能手机户数为 236 户，拥有私家车户数为 180 户。在推进农户生活水平提升中的特色做法是成立农民专业合作社，一起致富。

在农田抽水用电方面，将以前农户自行拉出改造的电线和不符合要求的电线杆全部拆除，规范用电，保证安全。在网络方面，村内每户均已实现联网，包括移动、联通、电信和广播电视，均能满足村民的娱乐需求。

三、存在问题与解决路径

（一）存在问题

1. 人才"流失化"

目前，农民进城务工规模较大，而留在乡村的劳动力年龄普遍偏大，并且教育水平相对较低。同时，基层工作相对较苦，高素质、有能力的人才不太愿意长期在乡村工作，更不愿意在乡村担任职务，导致建立健全乡村人才队伍难度较大，城乡人才之间的差距逐渐扩大。

2. 村集体经济发展"单一化"

村集体经济发展存在思路不清晰、政策不健全的现象，资源利用不充分，优势发挥不明显。

3. 精神文明"荒漠化"

由于经济的迅速发展、信息技术的普及以及社会竞争的加剧，村民的精神生活贫乏、单调，缺乏深度和内涵。他们对文化、艺术、哲学等精神层面的关注和追求减少，更多地沉迷于物质享受。村民对于价值观和道德准则的认知变得模糊，社会关系变得冷漠，村民之间的信任和团结感减弱。

（二）解决路径

1. 强化组织领导抓试点建设

切实强化组织领导，积极协调各方，以更加有力的举措抓好试点建设，全力在示范试点的"特色""田园""乡村""集成""示范"等关键点上做文章，履行领导小组和联席会议职能职责，确保示范试点建设的各项工作落地落实。

2. 强化社会资源抓试点建设

积极引导党支部成员、议事会成员、香洲援凤人才、本土乡贤等各类人员参与示范试点建设，积极争取更多社会资金投入，高效推进示范试点建设。

3. 强化责任落实抓试点建设

建立"周报告、月督查"制度，压紧压实成员单位、工作专班责任，切实解决试点建设过程中出现的各类问题；强力推动示范试点工作有序开展，全面启动县级示范试点建设，努力把省级、市级示范点建设成可借鉴、可推广、多样化的乡村振兴成果，为贵州省乡村振兴开新局提供有益探索。

四、主要经验与典型做法

（一）主要经验

2021年，三新组项目总投资为3 067.7万元，其中中央财政衔接资金和东西部协作资金共计1 306.2万元，撬动群众自筹资金561.5万元，社会投入资金1 200万元。同年，三新组实施项目17个，其中基础设施项目12个、公共服务设施项目施2个、农房建设项目设3个，截至目前，项目已全部完工。三新组主打"稻＋茶＋牛"路线，成功建设"有机三新·水韵稻乡"，走"畜—沼—稻"种养循环之路，以水稻秸秆作为畜禽饲料，畜禽粪污加工成有机肥，年收集秸秆8 000吨，收储处理粪污达2 300吨，生产有机肥1 000吨。三新组将资源盘活，在村内闲置地建起厂房，租借村民的闲置房建为民宿和作坊，村民入股，并且使撂荒地复垦后"长"出玫瑰花，引企入村资源变资产、引民入社农民变股民、引贤返乡洼地变高地、引货出山产品变商品，"四引四变"迸发出乡村"源动力"。

（二）典型做法

1. 产业发展融合化，实现乡村产业振兴

一是突出"有机三新·水韵稻香"主题定位。以双有机为引领，充分发挥市场主体作用，引导村民参与培育三新有机水稻等有机农产品基地建设。

二是优化空间抓产业。用足森林资源大力发展林下经济，用足土地资源大力发展田园经济，用足房前屋后、田边地角大力发展庭院经济。

三是三产融合抓产业。采取"公司＋基地＋农户"模式，积极探索农户种植、公司加工、产品销售、农旅观光三产融合发展，实现农户变股东，农户的土地变公司资产，农户的资金变股金。

四是"四新一高"抓产业。积极培育新品种、引进新技术、发展新模式、形成新业态，实现高效益。

2. 人才培养多元化，实现乡村人才振兴

一是立足实际"挖"人才。切实做好试点村寨的人才摸底工作，分类统计建立台账，同时积极挖掘本地乡土人才，切实为乡村振兴做好人才储备。

二是持之以恒"育"人才。通过座谈会、外出考察、技能培训等方式切实做好人才的培训和引导，切实提升为乡村振兴服务的能力和水平。

三是一心一意"服"人才。积极做好人才的服务工作，切实帮助各类人才解决在发展中遇到的困难和问题，积极为他们营造一个良好的社会环境。

四是千方百计"统"人才。统筹专家、在外知名人士、乡土人才等各类人才资源，积极为试点创建工作献计出力。

3. 组织建设规范化，实现乡村组织振兴

一是优化"党支部＋组议事会"。村级组织采取"党支部＋组议事会"运作模式，配齐组级班子成员和组议事会成员，切实解决无人办事的问题，同时充分发挥党支部在试点建设中的主力军作用。

二是优化一中心一张网十联户。构建"镇综治中心，织牢网格化共治体系，推进十联户"工作机制，真正打通基层社会治理的"神经末梢"。

三是规范使用党群直议制。规范"提、评、审、决"议事过程，采取自上而下、自下而上的形式，变党组织的主张为老百姓的行动自觉，变老百姓的意愿为组织决策。

4. 生态治理产业化，实现乡村生态振兴

一是畜禽粪污变废为宝。通过集中收储畜禽粪污，生产加工有机肥，还肥到土、循环利用。

二是村庄绿化开花结果。利用黔北民居庭院模式，在庭前院落、闲置土地种果栽花铺草，让庭院变果园、花园。

三是弃土荒坡变美增收。利用闲置土地、石旮旯种植特色玫瑰和套种中药材，延伸林下经济产业链，让弃土荒坡变美、增收。

5. 文化建设聚向化，实现乡村文化振兴

一是弘扬社会主义核心价值观。弘扬社会主义核心价值观，首先要从个人做起，从爱国做起，从敬业做起，从诚信和友善做起，把社会主义核心价值观根植于每个群众灵魂深处。

二是传承优良家风家教。优良家风家教是一种美德，一种修养，一种文化，人人追而求之。

三是挖掘玫瑰特色文化。赠人玫瑰，手留余香是一种舍，一种德，更是一种文化。

6. 建立 3 个制度，统筹推进试点建设

1）建立周例会制度，找准问题堵点

每周召开会议，会上倒排工期、汇报问题，会后现场调度、协调解决，确保项目有序推进、无堵点。

2）建立共商共议制度，总结经验树立亮点

通过设计人员、正方集团帮扶人员、乡贤等共商共议，在示范试点建设上融合主题元素树立亮点。

3）建立党建＋组级议事会议制度，全民参与覆盖盲点

通过召开群众会议、微直播等方式发动群众全过程参与项目监管、全领域参与项目建设、全流程参与项目各个环节，确保覆盖盲点。

五、对 策 建 议

1. 产业融合促乡村振兴

推动乡村产业振兴，还应推动乡村产业全链条升级。要立足城乡居民消费升级和多元服务需求，向一二三产业融合发展要效益，大力发展乡村旅游、乡村康养、乡村休闲、现代农业产业园等产业形态，做好"乡村＋"的各类文章，促进农文旅深度融合、打好"文创农业＋现代农业＋农旅结合"的组合拳。同时，可以将"一村一品"等作为乡村产业振兴的重要抓手，并将引入农业龙头企业、培育新业态、补齐农业产业链条、打造农业品牌等举措作为农业现代化的重要手段。利用"互联网＋"等新技术手段，促进现代产业要素跨界配置、交叉融合。

2. 以人才引领乡村振兴

乡村振兴的关键在于人。"要推动乡村人才振兴，把人力资本开发放在首要位置，强化乡村振兴人才支撑"，"激励各类人才在农村广阔天地大施所能、大展才华、大显身手，打造一支强大的乡村振兴人才队伍，在乡村形成人才、土地、资金、产业汇聚的良性循环"。乡村振兴的基础在于乡村人才的振兴，乡村社会的有效治理和乡村产业的持续发展都离不开人才。在推进乡村振兴的过程中，只有人才支柱稳固，才能筑起新时代乡村振兴的大厦。

3. 加强基层党组织建设，夯实乡村振兴基础

"基础不牢，地动山摇"。农村基层党组织是党在农村工作的基础，直接与党员、群众打交道，是贯彻落实党的方针、政策、路线的"最后一公里"。基层党组织的战斗力、执行力、凝聚力强不强，直接影响到党的决策部署能不能落地见效，直接影响着党在一线党员、群众中的威信和形象。基层党组织要在自身建设上强基，从思想建设、政治建设、作风建设、纪律建设等方面持续用力，推进农村基层党组织标准化、规范化，使乡村党组织成为政治强、基础好、有朝气、能干事的一面旗帜，为实现乡村振兴提供坚强的组织保障。

4. 文化建设助力乡村振兴

文化兴国家兴，文化强民族强。广袤的乡村不仅承载着农业生产和农民的生活，更是中华优秀传统文化的沃土，积淀的是中华民族五千多年来最深沉的精神追求，是

中华民族"根"与"魂"的守望者。坚持以社会主义核心价值观为引领，以传承发展中华优秀传统文化为核心，以乡村公共文化服务体系建设为载体，是乡村文化振兴的主旋律。文化建设助力乡村振兴，既要塑好形，也要铸好魂，要从强化基础保障、培育乡村文化能人、提升公共服务水平3个方面着力，助力乡村全面振兴。

调研报告二
凤冈县进化镇临江村秀竹组特色产业调研报告

一、引　　言

凤冈县进化镇临江村以省级"特色田园乡村·乡村振兴集成示范试点"建设为契机，通过治理厕所脏乱差、治理污水乱排乱放、治理垃圾乱丢乱放、治理房屋乱搭乱建、治理耕地乱占乱用、修复乡村生态环境，打造美丽、文明乡村。秀竹组所处位置靠近高速路口，交通便利，有特色玫瑰园，可带动当地特色旅游业。另外，其有机水稻和茶叶远近闻名，许多游客慕名前来购买。

二、主要特征与现状分析

（一）主要特征

1. 区域分布

秀竹组隶属于遵义市凤冈县进化镇临江村，总面积为 3.09 平方千米（约 4 635 亩）。

2. 基础条件与优势潜力

1）地域交通

秀竹组距杭瑞高速公路出入口 2 千米，距凤冈县城 15 千米，交通便利，区位优越明显。

2）土地资源

现有耕地面积 2 002.95 亩，其中旱地 1 349.6 亩，水田 655.35 亩。

3）基础设施

通村公路和村内主要路面均为柏油路，沿路设有路灯。村内有百货店 2 个、体育场 1 个，主要生活用水为自来水，厨房主要燃料为电和煤炭，能基本满足村民生活所需。

4）人口结构

秀竹组现有 205 户 815 人，其中常住人口 703 人、外出人口 112 人，劳动力 312 人。

（二）现状分析

1. 产业发展状况

秀竹组为集聚提升类村庄，村庄发展方向明确，在原有规模基础上改造提升，激活产业、优化环境、增添活力。秀竹组有新型经营主体 5 个。主导产业为玫瑰、茶叶、有机水稻和乡村旅游，种植有机水稻 400 亩、有机茶叶 418 亩、有机玫瑰 1 000 亩，有玫瑰加工厂、秀山春茶叶加工厂、大米加工厂各 1 家，秀竹山庄（农家乐、康养基地）、康养民宿各 1 家。

秀竹组农户主要种植茶叶和玫瑰。种植玫瑰的农户有 50 户，该产品年收入 600 万元，农户种植玫瑰，3 年后可返收，增加收益。秀竹组的玫瑰产业主要是提供玫瑰精油、玫瑰纯露等原料，销往广东省，其特色品牌为瑰缘玫瑰护肤品，目前有线上销售和线下实体店销售。秀竹组茶叶种植农户有 205 户，面积共 418 亩，该产业年收入 334 万元。休闲农业和乡村旅游每年接待约 10 000 人次，年收入 300 万元。

秀竹组在推进产业发展中，用村规民约提升村民自治；鼓励返乡创业、引企入村，大力推动乡村产业向一二三产融合发展。

2. 生态环境状况

秀竹组内建筑统一采用黔北民居模式，每户均为庭院式结构，美观整洁。村庄绿化覆盖率达 40%，改造后拥有绿色生态的有机米、香味扑鼻的玫瑰花园，在农村生活垃圾的有效治理下，秀竹组的"颜值"不断刷新，产业发展如火如荼，为乡村群众留住了鸟语花香的田园风光。

目前，全组所有厕所均已全部改造。已建成日处理能力 10 吨的集中式污水处理站 1 座，配备分散式污水处理设备 60 多套，有效解决农村污染，大大提升群众的生活幸福感。村内公共区域卫生由农户自觉轮流打扫，每户门前均放置有垃圾桶，生活垃圾每 3 天转运一次到城镇统一处理。

3. 乡村治理状况

秀竹组党员人数 13 人，占本村总人口的 1.60%，大学生干部 7 人。由村党支部书记兼任村委会主任，制定有村规民约，成立了村民理事会，管理村内事务。

4. 乡村文明状况

学龄儿童入学率 100%，人口平均受教育年限 12 年，"星级文明户""文明家庭" 189 个。另外，村内还设有图书室 1 个，鼓励村民学习农业知识；村内广场有广场舞娱乐活动，丰富村民生活。

5. 生活水平状况

秀竹组推广"公司＋合作社＋农户"组织模式，农户以土地入股合作社，建立健全利益共享、风险共担利益联结机制。合作社垫资为农户提供农资、以保底价收购农产品，收益按"2∶3∶5"比例分红，即20％返还给农户，30％分红给合作社理事，50％用于合作社的发展和公益事业，年底合作社分红资金可达10.35万元，惠及群众50户，户均增收2 000元以上，目前秀竹组人均可支配收入已达15 729元。

在农田抽水用电方面，将以前农户自行改造的电线和不符合要求的电杆全部拆除，规范用电，保证安全。在网络方面，村内每户均已实现联网，包括移动、联通、电信和广播电视等方式，满足村民的娱乐需求。

三、存在问题与解决路径

（一）存在问题

1. 资金来源单一

目前，示范试点建设资金主要依靠政府上级财政补助资金和东西部协作资金投入，引进社会资本难度较大，社会资金投入有限。农业基础设施滞后影响农业机械化的推广与普及，农用机械数量欠缺延误播种时机。

2. 文化特色欠缺

示范试点文化元素特色不凸显，挖掘力度有待强化，文化娱乐场所、文化广场及配套设施还很稀缺，日常文化活动开展较为困难。

3. 外出人员较多

大量青壮年劳动力外出务工导致影响产业发展。外出年轻人较多，参与乡村振兴建设的积极性和劳动力不足。

4. 医疗条件落后

村内无卫生室，村民看病还是集中在镇和县城，看病不方便。

（二）解决路径

1. 强化组织领导抓试点建设

切实强化组织领导，积极协调各方力量，以更加有力的举措抓好试点建设，全力在示范试点"特色""田园""乡村""集成""示范"等关键点上做文章，发挥领导小组和联席会议职能职责，确保示范试点建设各项工作落地落实。

2. 强化社会资源抓试点建设

积极引导党支部成员、议事会成员、香洲援凤人才、本土乡贤等各类人员参与示范试点建设，积极争取更多社会资金投入，高效推进示范试点建设。

3. 强化责任落实抓试点建设

建立"周报告、月督查"制度，压紧压实成员单位、工作专班责任，切实解决试点建设过程中各类问题，强力推动示范试点工作有序开展。全面启动县级示范试点建设，努力把凤冈县省级、市级示范试点建设成可借鉴、可推广、多样化的乡村振兴成果，为全省乡村振兴开新局提供有益探索。

4. 加大农业基础设施建设政策、资金支持力度

因地制宜培育适合当地可持续发展的主导经济支柱产业，吸引外出务工人员返乡创业。

四、主要经验与典型做法

（一）主要经验

秀竹组 2021 年项目总投资为 2 653.7 万元，其中中央财政衔接资金和东西部协作资金共计 1 199.2 万元；撬动群众自筹资金 761.5 万元；社会投入资金 693 万元。秀竹组 2021 年实施项目 24 个，其中基础设施项目 13 个、公共服务设施项目施 3 个、文化设施项目 5 个、农房建设项目设 3 个，已全部完工。探索"党群直议制"，激发乡村振兴活力，沉睡的乡村被唤醒，秀竹组已形成"茶＋花＋稻"的产业模式，响亮地打出"瑰缘玫瑰·康养秀竹"的口号。"党群直议制"影响和带动的不仅仅是"村庄美""腰包鼓"，还有"脑袋富"。随着示范点建设的纵深推进，村民自治得到补充和完善，群众自我管理、自我教育、自我服务的文明素养正在孕育出新，"乡村掌墨师"、致富能手、返乡创业人士、在外乡友与普通村民志愿义务服务的社会公益联络员、乡村振兴参谋员、善治安村服务员、乡风文明示范员活跃于汇聚着党和政府、干部群众智慧和力量的乡村大舞台，春风激荡，旋律交响。

（二）典型做法

1. 坚持市场主导，培育产业发展"增长极"

一是因地制宜"选产业"。按照"有基础、有优势、有潜力、能成长"产业发展定位，因地制宜、因势利导，大力发展"玫瑰＋"产业，成功探索出有效提升传统产业经济效益、生态效益和社会效益的生态农业模式和石旮旯山区"生态产业化、经济生态化"的乡村振兴经验。秀竹组共种植玫瑰 1 000 亩、中药材 100 亩，产值达 400 万元。

二是融合发展"增效益"。依托现有资源禀赋和区位优势，探索农户种植、公司加工、产品销售、农旅观光、玫瑰疗养发展模式，大力培育龙头企业、合作社，充分

发挥企业市场主体作用，进一步延长产业链、完善供应链、提升价值链，推动农业"接二连三"，初步构建起产业强、链条全、结构优、市场旺的产业体系。

三是利益联结"富群众"。持续完善以农民为主体的利益联结机制，充分运用"公司＋合作社＋基地＋农户"的组织方式，大力推广土地流转拿租金、入股企业拿红金、就地务工拿薪金"三金"模式，引导群众以土地入股、订单种植、就近就业等形式全程参与产业发展，将产业收益量化分红到全体村民，有力带动群众增收致富。

2. 坚持农民主体，筑牢基层组织"桥头堡"

一是创新机制强活力。探索"党群直议制"，创新基层治理方式，有效激发群众内生动力，夯实乡村振兴战斗堡垒，为推动特色田园乡村·乡村振兴集成示范试点建设提供坚强政治保证和组织保证。

二是盘活资源强经济。采取"公司＋土地入股＋农户"的模式，引导群众将闲置宅基地和遗弃资产等闲置资源通过打包出租或以土地入股瑰缘玫瑰公司，将"死地"变"活财"，变"包袱"为"财富"，实现了资源变资产、资金变股金、农户变股东。2023年，以1 500平方米闲置资源入股建设产业发展中心，盘活闲置土地500亩，建成有机玫瑰基地430亩，群众获得分红5.35万元。

三是群众自治强合力。以开展"三创"村寨、"推进移风易俗·树立文明乡风"创建活动为抓手，将整治滥办酒席、低俗婚闹、厚葬薄养、铺张浪费、封建迷信等作为主要内容，设立"红白理事会""纠纷调处委员会""乡贤参事会"等自治组织，倡导婚事新办、丧事简办、小事不办，引导群众自我管理、自我教育、自我服务，有效提升村级自治能力和治理水平。

3. 坚持生态优先，提升绿水青山"含金量"

一是全力在"保"字上下功夫。将生态环境保护纳入村规民约重要内容，建立试点生态环境保护工作机制，构建以10户农户为一单元的生态环境保护网格圈，实施分片包保，大力开展"青山、碧水、净土"三大保护行动，形成人人参与、人人保护生态环境的大格局。同时，通过开展环保志愿服务活动，全面提升农民生态环境保护意识，全力打好试点"保绿战"。

二是全力在"治"字上下功夫。重点围绕"四清一治一改"（清理常年积存垃圾、清理河塘沟渠、清理农业废弃物、清除无保护价值的残垣断壁，乡村公共空间治理，改变影响农村人居环境的不良习惯）工作思路，创新推进农业生产零污染、零排放、零剩余、全利用"三零一全"资源化利用，构建种养循环治理格局。采取"户分类投放、寨收集利用、镇转运处理"的方式，做好试点生活垃圾污水处理、村容村貌提升、农业生产提质、无害化户厕改造等全过程污染治理，全面扫清死角、盲区，积极引导农民群众自觉形成良好的生活习惯，避免脏乱差现象反弹，不断提高示范点建设的"含绿量"，全力打造最美乡村。

三是全力在"转"字上下功夫。坚持"生态产业化、经济生态化"的发展思路，采取"生态+"发展模式，探索将山上、林区、坝区等"沉睡"生态资源转化为致富门路，大力发展集休闲采摘、观光旅游为一体的新产业新业态，利用山上荒废的石旮旯坡地种植玫瑰花、林下种植野生菌、坝区种植有机稻，不断在生态农业、生态旅游服务业中培育新的经济增长点，使生态变业态、颜值变产值，全面提升生态"含金量"。

4. 坚持育引并重，念好乡村振兴"人才经"

一是深入"挖"，建好人才"智慧库"。围绕实施"乡村掌墨师"人才振兴工程，在试点深入挖掘产业引领型、经营管理型、技术技能型、社会治理型、乡土文化型"五型""乡村掌墨师"，按照便于组织、便于管理、便于服务的原则，科学划分"乡村掌墨师"服务半径，充分发挥乡土人才作用。同时，结合县级"仁孝乡贤"品牌打造工程，分门别类建立乡贤台账，发挥乡贤"项目招引联络员、企业培育指导员、转型发展宣传员、乡村振兴参谋员、善治安村服务员、乡风文明示范员"的作用。

二是精准"引"，打造致富"领路人"。以乡情为桥梁、以政策为引领、以激励为导向，充分掌握在外优秀企业家、优秀高校毕业生创业者、技术技能人才队伍数据，建立试点在外优秀人才台账，通过召开座谈会、寄发慰问信等方式，积极动员其返乡创业就业。

三是用心"育"，培训创业"主力军"。按照"缺什么补什么，干什么训什么"的原则，把"室内课堂"与"田间讲堂"结合起来，定期邀请专家对乡土人才进行授课，打造一支能够"影响一片、带动一群、造福一乡"的创业"主力军"。建立专家人才"联点包片"制度，选派县农业、畜牧、管理等领域 10 名专家深入试点田间地头，对乡土人才进行种植、生产、销售、管理等方面的实地技能培训。

5. 坚持文化润村，唱响乡风文明"主旋律"

一是塑造美丽乡村之"形"。实施文化惠民工程，充分利用项目补助资金，加大乡村文化站、文化广场和农家书屋配套设施建设力度，修缮自然遗址、老旧烤烟房、观景台、古井等建筑，修建蚝壳墙、乡贤馆，升华东西部帮扶情谊，感召乡贤返乡反哺，不断完善农村公共文化基础设施建设，打通公共文化服务"最后一米"。

二是充盈文化发展之"实"。按照"一村一品"思路，采取"文化+产业"发展模式，全力打造"瑰缘玫瑰·康养秀竹"特色文化品牌，大力发展乡村文化旅游、现代化农业观光产业，将玫瑰特色文化、农耕文化融合，推动产业升级，打造集农业文化创意、观光旅游体验等于一体的文化产业综合体，夯实贫困群众致富奔小康的特色产业基础。

三是铸牢乡村文化之"魂"。以开展党史学习教育为契机，深入挖掘和提炼红色文化、农耕文化、生态文化特质，并与以爱国主义为核心的民族精神和以改革创新为核心的时代精神深度融合，倡导社会主义核心价值观的价值取向，传承优良家风家教，弘扬社会正气，培育文明社会风气，提升乡村文化教育的生动性、吸引力和感染力，激发人民的创业热情和创新活力。同时，组建农村文艺队，培养农民文化骨干、民间艺人、乡土艺术家，全力打造一支懂文艺、爱农村、爱农民、专职与兼职相结合的农村文化工作队伍，不断丰富群众精神生活。

五、对 策 建 议

1. 因地制宜，发展产业

科学把握差异性，因地制宜选产业，注重地域特色，规划先行、精准施策，充分调动群众的积极性、主动性和创造性，成功探索出有效提升传统产业经济效益、生态效益和社会效益的生态农业模式，让广袤乡村更具活力。

2. 坚持以农民为主，基层组织做好"桥梁纽带"

坚持农民主体地位是全面实施乡村振兴战略的一项基本原则。农村要发展，根本要依靠亿万农民。"农村富不富，关键看支部"。农村基层党组织是实施乡村振兴战略的"主心骨""顶梁柱"，只有加强党的领导和党的建设，打造坚强有力的战斗堡垒，才能为农民"唱戏"搭好"舞台"。以增强党组织政治功能和组织功能为重点，持续整顿软弱涣散党组织，选优配强农村"领头雁"，切实把资源统筹起来、干部组织起来、群众调动起来。因地制宜发展特色产业，拓宽农民增收致富渠道，将党组织建在产业链上，带动农民干在产业链、富在产业链，共享产业发展成果，让更多农民吃上"产业饭"。创新基层治理方式，有效激发群众内生动力，夯实乡村振兴战斗堡垒，为推动特色田园乡村·乡村振兴集成示范试点建设提供坚强政治保证和组织保证。

3. 坚守"绿水青山就是金山银山"

党的二十大报告指出："我们坚持绿水青山就是金山银山的理念，坚持山水林田湖草沙一体化保护和系统治理，全方位、全地域、全过程加强生态环境保护，生态文明制度体系更加健全，污染防治攻坚向纵深推进，绿色、循环、低碳发展迈出坚实步伐，生态环境保护发生历史性、转折性、全局性变化，我们的祖国天更蓝、山更绿、水更清。"各村应利用良好的生态环境，发挥地域比较优势的带动作用，发展绿色工业、特色农业等产业优势，并通过科学决策把这些优势转化为发展优势，让绿水青山变成金山银山。

4. 念好乡村振兴"人才经"

乡村人才振兴，既要识才、引才，也要懂才、爱才。好的环境是拴心留人的关键。人才引得进，还要确保留得下，使人才真正扎根乡村、奉献乡村，要充分给予条件允许范围内的服务保障政策，在政治待遇、生活待遇、经济待遇方面给予优惠和倾斜，强化思想上引导、工作上帮扶、生活上关心，解决人才在创业就业、住房、子女入学等方面的问题，消除人才的后顾之忧。只有夯实人才"基座"，才能推进乡村振兴高质量发展，真正让农业稳产增产、农民稳步增收、农村稳定安宁，将乡村振兴的宏伟蓝图变成现实，愿景变成实景。

5. 文明新风"润"乡村

乡风文明是乡村精神面貌、道德素养和文明行为的展现。在推进实施乡村振兴战略背景下，乡风文明建设具有更加深远的意义。积极推进垃圾分类和"厕所革命"，处理生活垃圾，清理沟渠坑塘，治理养殖粪污，房前屋后植树种花，坑塘变荷塘，废墟变广场，改变农村以往的"一点美、一时美"问题，实现"全村美、持续美"和"景美人更美"。

调研报告三
平坝区乐平镇大屯村特色产业调研报告

一、引　言

贵州省安顺市平坝区乐平镇地处平坝区西南部，东与鼓楼街道、十字回族苗族乡接壤，南邻天龙镇，西与西秀区、普定县相邻，北隔斯拉河与织金县相望。乐平镇地处云贵高原东侧梯状斜坡的中段，北部多山，地势起伏较大，中部是安凤林区，属丘陵地带，南部地势较为平坦，是典型的山间坝子。乐平镇最高点位于跳花坡，海拔1 608米，最低处位于斯拉河谷，海拔1 042米，相对高差566米。乐平镇年平均气温15.5℃，最高气温33.5℃，最低气温−5.6℃。大屯村在平坝区的西部，属于乐平镇辖区。

二、主要特征与现状分析

（一）主要特征

1. 区域分布

大屯村隶属于安顺市平坝区乐平镇，位于平坝县城西部，总面积8.5平方千米（12 750亩）。

2. 基础条件与优势潜力

1）地域交通

大屯村所处位置靠近高速路口，交通便利，距最近的高速入口6千米，距最近的汽车站8.4千米，距最近的火车站9.7千米，距最近的机场34.9千米，距乐平镇3.4千米，距平坝区8.6千米。

2）土地资源

大屯村现有耕地3 982亩，林果地300亩，耕地流转率为70%。

3）基础设施

通村公路和村内主要路面为水泥路，沿路设路灯。村内有百货店 5 个、卫生室 2 个、药店 2 个、体育场 1 个、老年活动中心 1 个、敬老院 1 个、幼儿园 2 个、小学 1 个，生活用水为自来水，能源主要是电和煤炭，能满足村民生活所需。

4）人口结构

大屯村现有 625 户 2 136 人，其中常住人口 1 726 人（其中 16～60 岁 1 541 人，占常住人口比例为 89.28%），外出人口 410 人，农业劳动力 852 人。

（二）现状分析

1. 产业发展状况

大屯村发展方向明确，鼓励返乡创业、引企入村，大力发展乡村产业，在原有规模基础上改造提升，激活产业、优化环境、增添活力。

大屯村有新型经营主体 1 个，主导产业以糯山药种植和乡村旅游为主，种植糯山药的共有 5 户，面积合计 300 亩，年收入 400 万元，销往省内。

大屯村依托平坝区乐平镇大屯众惠乡村产业专业合作社，因地制宜，发展微生物有机农业，加强对 100 余亩荒地复耕复种。大屯村土地的闲置缘于特驱养殖公司流转大屯村土地后没有耕作。在国家粮食安全战略政策的指导下，村"两委"把荒地治理工作并入合作社管理。平坝区乐平镇大屯众惠乡村产业专业合作社引进国家菌草工程技术研究中心、贵州三习微生物科技有限公司、贵州科技农业技术服务有限公司等科研机构及公司，在荒地上共建微生物循环生态有机农业共享庄园，致力于把微生物农业技术作为乡村振兴产业发展重要项目，示范带动，辐射周边。合作社结合当地的地理环境，依托宜田则田、宜地则地原则，结合时令，对土地进行复耕复种。合理利用荒地，秉持"三物共生""五零同步"发展理念发展有机水稻种植，并探索稻鱼鸭养殖模式，着力打造高品质农产品，提升产品价值，深挖土地的潜在价值，并吸纳群众到合作社务工，为村集体经济增加收入。

2. 生态环境状况

大屯村村庄绿化覆盖率达 30%，田园乡村建设成效明显，以传统古村落保护为主，打造山、水、田园风光与古村落交相辉映的田园乡村。田园乡村的打造充分利用老物件，保留当地传统特色乡村风貌，因地制宜、科学规划，打造具有田园特色的美丽乡村。大屯村在建设过程中坚持开拓创新，攻坚克难，留住乡土元素，认真研究，结合实际，探索新的田园乡村建设模式，打造山清水秀的田园乡村。

大屯村旱厕改造 23 户，自来水入户 625 户，畜禽粪污综合利用率 100%。村内设有污水集中处理设施，实现雨污分离，排水进入专门的污水管道，生活垃圾定时转运到城镇统一处理。

3. 乡村治理状况

大屯村有党员 53 人，占本村总人口的 2.45%，大学生村干部 1 人。由村党组织书记兼任村委会主任，制定有专门的村规民约，成立了村民理事会，管理村内事务。

4. 乡村文明状况

学龄儿童入学率 100％，人口平均受教育年限 12 年，"星级文明户""文明家庭"10 个。另外，村内还设有图书室 1 个，鼓励村民学习农业知识。大屯村在推进乡风文明建设中重视传统节日和习俗，开展关爱儿童、妇女、老人活动。

5. 生活水平状况

大屯村农户收入人均 1.063 万元/年，村集体收入 5 万元/年，新型农村合作医疗参合户数为 625 户、农村养老保险参保户数为 625 户，人均用电费用 300 元/年，使用有线电视户数为 625 户，使用宽带户数为 350 户，使用智能手机户数为 625 户，拥有私家车户数为 150 户。

在网络方面，村内已实现联网，能满足村民的娱乐需求。

三、存在问题与解决路径

（一）存在问题

1. 组织短板

当前，大屯村的党员老龄化现象严重，党员组织生活参与率低，先锋模范作用发挥不够。

2. 产业短板

大屯村村内农产品种植规模小、市场份额占有率低，对产品质量重视程度不够，真正有辐射效应的品牌产品没有，缺乏市场竞争力。

3. 人才短板

大屯村大量年轻人外出务工，导致人力短缺、人才综合素质不高；在家劳动力不足、年龄偏大，加上人才引进机制不健全，激励政策吸引力不够，导致后备干部和技术性人才储备不足。

（二）解决路径

1. 组织振兴

积极将返乡创业和回乡创业发展的大学生发展为新党员，为村"两委"培养后备干部；创新开展党组织各项活动，学习借鉴其他省市乡村振兴先进经验。把学习农业技术和种养殖技术专业的大学生培养为致富能手，先富带后富，充分发挥示范引领作用。

2. 产业振兴

立足本地实际，因地制宜发展特色产业、开发庭院经济、推行农产品家庭定制等，建设山水园林现代化农业农村示范点。大力挖掘农耕文化，打造宜居宜业宜游、绿色环保乡村特色旅游景观，构建集游、娱、购为一体的特色乡村旅游产品，激发产业振兴。

3. 人才振兴

创新人才引进方式，吸引外出人才回乡创业，培育新型农民。组建电商服务团队，把电商平台延伸至每个村组，整合优质农产品，通过直播带货的方式带动农产品产、供、销一体化发展，促进增收致富。

四、主要经验与典型做法

（一）主要经验

大屯村特色田园乡村建设正在开展。现阶段，文化长廊基本完成主体建设，已见雏形，四周完成景观荷花与休闲垂钓区域设计划分，能够更好地满足群众赏花垂钓的需求。大屯村以推进农村环境综合整治为着力点，以高质量发展为主线，全力改善村容村貌，努力打造宜居宜业环境。现阶段，全村已完成对所有河道的清理工作，共清运垃圾约156吨，清理河道近2 000米，整治乱搭乱建12起，拆除违法建筑共180平方米，对村公共区域（河道、村集体广场、424县道）环境划片包干，进行打扫和管理。通过宣传教育与实践行动，群众环境保护意识逐步提升。

搭建平台，展示特色文化。大屯村作为传统村落，传统文化和民俗氛围浓烈，每逢重大节日，都会组织地戏、歌舞表演，以及民俗文化展示等一系列活动。乐平镇正在对现有地戏台、标准篮球场进一步完善。为突出展现大屯村特色屯堡文化，为文化输出"铺路架桥"，展现文明乡风，大屯村计划对大屯村河道两岸道路进行拓宽。

（二）典型做法

1. 产业发展融合化

一是因地制宜，发展有机农业，发挥市场主体作用，引导村民参与发展；二是引进与微生物有机农业相关的科技创新研究机构、生物科技公司等单位共建微生物循环生态有机农业共享庄园，示范带动，推动产业振兴；三是根据当地资源禀赋，发展有机水稻种植，建立稻鱼鸭养殖模式，打造高品质农产品，提升产品价值，增加农产品收入，带动村集体经济发展。

2. 友好合作赴小康

大屯村以"合作社＋公司＋家庭农场＋大户"的形式相继成立了安顺市平坝区乐平镇大屯众惠乡村产业专业合作社、贵州众惠生物农业科技有限公司、安顺市平坝区乐平镇大屯惠裕鑫集体资源管理有限公司等。村民以现金或以资源抵资金形式入股，以合作社参股和控股为模式，以按劳分配、多劳多得为分配形式，发展乡村旅游以及有机农产品培育、繁殖、生产、销售等产业，有效壮大了集体经济，助推村民增收致富。

3. 乡村自治促和谐

大屯村不断进取探索，以"自治"推动科学管理。

一是坚持"四民主两公开"的管理机制，采取少数服从多数原则。对于重大事项及热点、难点问题，严格实行村"两委"会交流出方向、支部会通报求意见、村民代表会研究定方法的流程，做到实施环节全程公开。

二是着力建好一支调解控稳队伍。以支书、主任、调解员、村民代表、小组长为骨干，建强村级调委会，以老协组委会为框架，优选寨老、族长、老干部、志愿者建立矛盾纠纷协调会，以村民小组为单元，由帮村联户干部、相邻住户组成若干调解小组，搭建起"三级调解网格"，实现矛盾纠纷 100% 就地化解，非访、刑事案件零发生。

三是请好一名法律顾问。按照上级指派与本村需求双向选择的原则，邀请一名律师作为法律顾问，积极参与重大事项决策及咨询、法宣、信访、调解、法援等事务，帮助村"两委"提高法律意识和依法办事能力，运用法律手段引导群众自觉维护社会和谐稳定。

五、对 策 建 议

1. 建设生态乡村，释放绿色发展活力

良好的生态环境是最公平的公共产品、最普惠的民生福祉，是乡村发展的宝贵财富和最大优势。要建立健全长效机制，着力提高生态乡村建设品位。积极培育生态文化、生态道德，使生态文明成为社会主义主流价值观，走进千村万户的日常生活、融入生态乡村建设每一个环节。不断推动乡村生态振兴，加强农村生态文明建设，推动乡村全面高质量发展。

2. 加强文化建设，助力乡村振兴

弘扬传统文化，提升乡村文化自信。加强对村民进行传统文化的宣传教育，强调传统文化在文化产业发展中的引领作用。充分利用传统文化的渗透性，努力以传统文化影响农村人们的精神风貌，让每一个在乡村生活的人都能真切感受到乡风文明，体验到受传统文化熏陶带来的幸福感、自豪感及自信心。丰富农村文化产品。文化产品的意义不仅在于宣扬了文化内涵，也带动文化产业的发展。另外，还要加大力度让文化产品以多种形式出现在大众视野，这不仅可以丰富农民的精神文化生活，也可以优化农村文化产业结构。加强文化与产业有机融合，促进产业振兴。将文化与乡村产业结合，不仅可以拉动当地旅游业快速发展，促进当地经济发展，改变人们的思想观念，还能发挥示范作用，使其他乡村可以参考和借鉴，激发乡村产业发展的活力，增加乡村产业发展力量，使其成为乡村振兴的重要增长点。

调研报告四
石阡县龙塘镇神仙庙村特色产业调研报告

一、引　　言

石阡县龙塘镇神仙庙村位于石阡苔茶重要产区。过去的神仙庙村是个"吃饭靠种田、养猪为过年、养鸡挣零花钱"的贫困村。近些年来，该村通过大力发展茶产业，建立茶叶专业合作社，村里的贫困户和其他茶农以茶园入股的方式加入合作社，通过利益联结机制实现脱贫增收，昔日荒山变成了面积达 2.3 万亩的国家级农业示范园区，为实现农业强、农村美、农民富打下了坚实基础。神仙庙村紧紧围绕"建设好党支部、发展好茶产业、连接好利益机制"的工作思路，通过发展茶叶主导产业壮大村级集体经济。神仙庙村把茶产业定位为"子孙产业"，增强茶产业在脱贫攻坚中的主导地位。同时，坚守生态和发展两条底线，积极与贵州大学宋宝安院士团队、贵州省农业科学院茶叶研究所合作，采取以虫治虫、以草抑草、免疫诱抗、选育和栽培优质品种等方式推动茶产业绿色发展。"绿水青山"变成了"金山银山"，神仙庙村从不能温饱的穷山村变成了远近闻名的小康村，实现了"华丽转身"，如今的神仙庙村走出了一条绿色的致富路。

二、主要特征与现状分析

（一）主要特征

1. 区域分布

神仙庙村隶属石阡县龙塘镇，地处石阡县西北部，纬度低、海拔高、寡日照。高山云雾出好茶，神仙庙村因其独特的气候、良好的生态系统和地理条件，以及独特的资源禀赋，苔茶种植历史悠久。神仙庙村拥有丰富的物产和悠久的历史文化传统。神仙庙村附近有夜郎古泉旅游景区、石阡温泉、楼上古寨、石阡万寿宫、五德桃源旅游景区、凯峡河原始生态漂流等旅游景点，有石阡苔茶、石阡土鸡、石阡香柚、石阡豆腐乳、草凳、石阡泡椒等特产，有仡佬毛龙节、石阡木偶戏、说春、侗族悄悄年、仡佬族敬雀节、仡佬族民歌等民俗文化。

2. 基础条件与优势潜力

1）地域交通

神仙庙村距最近的高速公路出入口 3 千米，距龙塘镇 2 千米，距石阡县城 17 千米，交通较为便利。

2）土地资源

全村总面积 7.8 平方千米（11 700 亩），土地确权面积 3 495.43 亩，林地面积 115.71 亩。现有耕地面积 3 495.43 亩，山地 120 亩，林果地 744 亩，耕地流转率为 35％左右。

3）基础设施

村内有百货店 3 个、卫生室 1 个、药店 1 个、幼儿园和小学各 1 个，可以基本满足村民的生活所需。村公路和村内主要路面均为水泥路，村内沿路设有路灯。近年来，神仙庙村完成村组间公路 4 条，全村 15 个村民小组实现组组通公路，串户、入户路全覆盖，全村安全入户人畜饮用水水表 435 个，覆盖全村 15 个村民小组 916 户 2 949 人。现有村党委办公楼 320 平方米，明优茶加工厂 1 000 平方米，大棕茶加工厂 2 150 平方米。

4）人口结构

神仙庙村下设 15 个村民小组，户籍人口 916 户共 3 016 人，其中劳动力人口 1 583 人，外出务工 1 385 人，全村脱贫户 173 户共 633 人，低保户 50 户共 111 人，有特困供养户 2 户共 2 人，重病户 16 户共 16 人，残疾人户 18 户共 18 人。

（二）现状分析

1. 产业发展状况

神仙庙村属于集聚提升类村庄，村庄发展方向明确，在原有规模基础上改造提升，激活产业、优化环境、增添活力。神仙庙村有新型经营主体 5 个，主导产业以石阡苔茶为主，茶叶种植面积达 2 350 亩。

神仙庙村农户主要种植茶叶。种茶叶的农户有 530 户左右，年收入 700 万元。神仙庙村的茶叶主要销往外省，并且有自己的特色品牌——屯伯茶，目前仅有线下实体店销售。

在推进产业发展中，神仙庙村积极支持支部联建，建成万亩茶园。引进新资源，与一线城市进行支部联建、党员联战、群众联亲，从而形成一个长久有效的茶产业链，发展循环经济，降低产品成本。

2. 生态环境状况

神仙庙村村庄绿化覆盖率达 70％。本村暂无污水处理设施，垃圾主要转运到城镇处理。神仙庙村几乎每家每户把每块空地种上了茶，一棵棵茶树不仅绿了山坡，更成为村内的"绿色银行"，山上有茶树，山下有茶香。

3. 乡村治理状况

神仙庙村有专门的村规民约，成立村民理事会，管理村内事务。在乡村治理工作中的特色做法是：把传统家风、美德融合到村规民约中，矛盾在基层一站式解决。如今村民们忙起来了，也富起来了，人员素质得到提升，求发展的眼光和目标更高了。现在大家有事干、有钱赚，邻里之间和谐。

神仙庙村有党员 48 人，占本村总人口的 1.59%，大学生干部 3 人，已实现由村党组织书记兼任村委会主任。

4. 乡村文明状况

神仙庙村村容村貌良好，村内大多农户均已实现联网，包括移动、联通、电信和广播电视等，能满足村民的娱乐需求。学龄儿童入学率达 100%，人口平均受教育年限为 9 年，有"星级文明户""文明家庭" 2 个。另外，组内还设有图书室 2 个，鼓励村民学习农业知识。危房漏房改造全覆盖，家家户户建起高楼，房前屋后干净整洁，俨然一幅生态宜居、乡村如画的新农村图景，乡村振兴的新时代画卷正在徐徐铺展。

5. 生活水平状况

家家户户都通了硬化路，用上了安全水、稳定电，村内广场上建起了篮球场和乒乓球台。明前茶采摘期间，村民每天可采茶 0.5～1 千克，按 160 元/千克的收购价计算，每人每天收入超过 100 元。全村人均纯收入超过 11 000 元。

三、存在问题与解决路径

(一)存在问题

1. 特色农产品销路单一

目前石阡苔茶主要通过线下销售，在全国范围内的知名度不太高。

2. 产业发展的专业技术缺乏

对特色农产品原料的处理单一，缺乏对原料的处理能力。

3. 外出人员较多

大量青壮年劳动力外出务工，影响产业发展。外出年轻人较多，参与乡村振兴建设的积极性不高，劳动力不足。

4. 生态总体良好，生活污水处理尚待解决

垃圾和污水处理不及时，垃圾只能转运到城镇处理，污水直接排放，容易造成环境污染。

(二)解决路径

一是打造循环经济体，增加农民收入，吸引在外务工人员回村发展。

二是生产支部、市场支部和技术支部开展联建，解决产业发展的技术和销售问题。

三是建立生活污水处理系统。

四、主要经验与典型做法

(一)主要经验

近年来，石阡县龙塘镇神仙庙村依托特色田园乡村试点建设，立足现有资源优势，抢抓机遇，积极创新探索，全力做好生态文章，大力发展茶叶产业。目前，该村按照"一茶＋一林"的思路，构建了"南林北茶"的整体产业规划布局，建成面积2 000余亩的茶园，辐射带动周边发展，年总产值达1 000万元，不断发展和壮大村级集体经济，为乡村振兴夯实产业基础。

(二)典型做法

1. 党建引领乡村振兴

神仙庙村一直以"感恩党、听党话、跟党走"为落脚点。深入贯彻落实习近平新时代中国特色社会主义思想和党的二十大精神，全面落实新时代党的建设总要求和新时代党的组织路线，扎实推进村党支部的建设及党风廉政建设，以党建引领乡村振兴。

1）班子建设

神仙庙村的发展，急需人才队伍建设，恰逢换届年份，在神仙庙村的共同努力下，通过换届选举，村党支部班子的平均年龄从以前的55岁降到41岁，而在学历上，有本科学历人员1人、专科学历人员4人，实现了降年龄、升学历的有力转变。

2）全面发挥组织引领作用

村支书牵头抓集体经济合作社，现有集体经济合作社固定资产在2 000万元左右，半年来入股分红股本1 100万元。副支书、副主任牵头抓常规工作，实现神仙庙村常规工作和集体经济发展两不误。

3）党员队伍建设

在原有党员47人的基础上，2022年确定了拟接受预备党员5人、积极分子5人、发展对象1人，平均年龄27岁，其中本科2人（食品专业1人），全部专科以上学历。神仙庙村党支部下定决心，为乡村振兴人才队伍建设全面夯实基础。

4）党员带动

神仙庙村党员发挥了先锋模范作用。例如，82 岁的老党员周绍智在茶园中每年创收 6 万元左右；熊茂贵、强仁斌、熊兴强成为茶叶生产和管理领域的专业人才。

2. 科学制定规划，打造循环经济体

神仙庙村已和贵州大学茶学院、动物科学院、酿酒学院签订协议，在神仙庙村新建年产 3 000 吨的酒厂，新建 3 000 头黄牛养殖场，用酒糟养牛，用牛粪种茶。让龙头企业引股，合作社持股，农民参股，实现合作共赢、共同富裕的目标。实现产业深加工，产品多元化，树立勤劳致富的思想。让农民自主择业就业，使农民工返得回、稳得住、能致富，能安居乐业，解决好农村普遍存在的"三留"问题。

五、对 策 建 议

1. 充分发挥党建引领的作用，物质和精神文明双丰收

联动附近大山、席家山等村组建苔茶园区联村党委，以大村联小村、强村联弱村、富村联穷村模式，互相帮扶。同时与企业、科研机构推动乡村振兴开新局，带动更多群众增收致富。在物质生活富裕的同时，也要促进精神生活富裕。一方面，深入挖掘与本村相距不远的红军困牛山战斗遗址等红色资源，大力弘扬红色文化，引导广大党员、群众听党话、感党恩、跟党走；另一方面，深入开展移风易俗，有效发挥村规民约作用，推进农村习俗改革，加强农村精神文明建设。

2. 发挥优势，打造和推进循环经济体

神仙庙村距离高速出入口较近，交通便利，有培育出石阡苔茶和古茶树的万亩茶园，可带动并促进当地特色农业发展。此外，神仙庙村耕地面积大，可以为后续饲养业提供大量的饲料。神仙庙村新建酿酒厂的酒糟可以为后续饲养家畜提供部分饲料来源，而饲养家畜所产生的生物废弃物（如粪便等）可以作为万亩茶园的肥料，从而形成生物循环链，具有一定的发展潜力。

调研报告五
册亨县冗渡镇坛坪村特色产业调研报告

一、引　　言

调研组于 2022 年 8 月 11 日前往黔西南州册亨县冗渡镇坛坪村进行实地走访调研。本次调研发放调查问卷 3 份，收回问卷 3 份，实地走访企业（合作社）2 家，随机走访农户 5 户。调研组与村支书、村主任及驻村干部就本村产业发展现状、基础条件、优势潜力、乡村治理现状、发展愿望、市场需求、重点项目、投资效益、农民增收、产业发展存在问题与解决路径进行深入座谈交流。根据调查问卷、座谈交流及实地走访调研结果，撰写本次调研报告。

二、主要特征与现状分析

（一）主要特征

1. 区域分布

坛坪村位于黔西南州册亨县冗渡镇西北，与大寨村、江见村、岜院村、团坡村、威旁村、冗渡村、观音村、冗贝村、美井村、毛坪村、板年村、岜么村、慢纳村相邻。

2. 基础条件与优势潜力

1）地域交通

坛坪村位于黔西南州册亨县冗渡镇西北，村委会距冗渡镇 26 千米，距县城 45 千米，距最近高速入口（安龙收费站）34 千米，距最近汽车站 28 千米，距最近火车站 72 千米，距最近的飞机场（兴义万峰林机场）97 千米。通村公路以柏油路为主，村内连户道路为水泥硬化路，路况良好，交通便利。

2）土地资源

坛坪村总面积 12.4 平方千米（18 600 亩），耕地面积 6 023 亩。

3）基础设施

全村组水、电、路、网全面覆盖，村内主要路面均实现水泥路面硬化，沿路两侧均设照明路灯。村内配套生活超市 3 个、卫生室 1 个、老年活动中心 2 个。村民主要生活用水为自来水，主要燃料能源煤炭和电能满足村民生活所需。走访农户调研显示，本村现有的水、电、路等生活基础设施较以前有很大提升，村民较为满意，但农业生产基础设施相对滞后，无法满足农户对高质量生活的需求。

4）人口结构

坛坪村现有户籍总人口 557 户 2 273 人，其中农业劳动力人口 1 547 人，外出务工 936 人，常住人口 1 337 人（其中 16～60 岁 611 人，占常住人口比例为 45.70%）。村里主要居住着布依族、苗族、汉族等民族，其中少数民族占比 70.6%。劳动力人口特点主要是文化教育程度低，初中及以下文化程度的占总劳动力人口的 70%，多数以从事农业种植、养殖为主，掌握专业技能的人较少，青壮年劳力大多外出务工，在本地创业的人员极少。

（二）现状分析

1. 产业发展状况

坛坪村属于集聚提升类村庄，村庄发展方向明确，坚持把产业振兴作为乡村振兴的重中之重。在保证粮食安全的基础上，全村发展产业以坝区蔬菜、矛香猪、肉牛等绿色产业为主。种植蔬菜面积达 1 070 亩，养殖肉牛 127 头、矛香猪 280 头。全村打破田埂，产业更新，由之前的农户自耕改为公司统筹统一种植蔬菜，采用"公司＋合作社＋农户"组织结构，实施蔬菜种植、矛香猪和肉牛养殖"一种二养"模式。依靠慈善机构所赠启动资金购买幼畜传户，增加收入来源，带动村民的积极性。全村有新型农业经营主体 1 个，通过线下订单销售方式，供粤蔬菜年收入 2 300 万元，畜牧代养销售收入 79.6 万元，覆盖带动本村农户 176 户，产品主要销往外省。

2. 生态环境状况

调研区域特色田园乡村生态环境建设成效明显，村庄绿化覆盖率达 72.6%；自来水入户 545 户，213 户实现旱厕改造；畜禽粪污综合利用率 75%；村内设有污水集中处理设施和分户处理设施，实现雨污分离；设置了分类垃圾桶，生活垃圾定时转运到城镇统一处理。随机走访农户，对目前居住的生态环境发展进行满意度评价，大多数非常满意村内的生态环境发展，但是认为还有进一步提升的空间。

坛坪村不仅发展坝区蔬菜、矛香猪、肉牛等绿色产业，还开展果园、菜园和花园建设，积极推进河道治理、庭院治理、房屋美化、垃圾分类清运、污水治理等工作有序进行。

3. 乡村治理状况

坛坪村现有党员 28 人，党员人数占村总人口的 1.23%，有大学生村干部 4 人。村党组织书记兼任村委会主任，形成了"一中心一张网十联户"联动共管机制的乡村治理工作模式。坛坪村制定了乡规民约和相关制度。全村推动法治、自治、德治"三治融合"，党员带头、群众参与。同时村里探索实施积分制，引导村内事务自己办、主动办、及时办，用工作积分换取生活物资；积分超市的资金来源主要就是村集体资金，群众积分主要分为环境卫生、平安建设、公益自愿服务、乡风文明几大类，通过"一月一评比、一月一兑换"的模式，激发群众的内生动力。以上相关工作得到群众的高度认可，实地调研走访结果显示，农户对本村治理总体上是非常满意的。

4. 乡村文明状况

全村学龄儿童入学率实现 100%，人口平均受教育年限 6.5 年，村中现有"星级文明户""文明家庭" 4 个，图书室 1 个。结婚彩礼费用 5 万～10 万元。实地走访调研发现，村内虽然经常举办思想政治宣传、科普宣传、法律宣传等活动，但村民主动进入图书室学习频率不是很高。村内无虐待老人、儿童的行为。农户对本村乡村文明建设比较满意。村里每个月都要评选最美家庭，关注孝老爱亲活动，建立了孤寡老人警报网，确保在老人们有困难的时候，村"两委"能在第一时间给予帮助。

5. 生活水平状况

坛坪村目前农户人均年纯收入约 1.15 万元，村集体平均年收入为 8 万元。参与新型农村合作医疗参合户数为 530 户、农村养老保险参保户数为 486 户，购买农业保险户数为 15 户。村内已实现联网，包括移动、联通、电信和广播电视，均能满足村民的娱乐需求，人均年用电费用 480 元，使用有线电视户数为 520 户，使用宽带户数为 140 户，使用智能手机户数为 540 户，拥有私家车户数为 200 户。实地调研走访发现，整体村民生活质量有所提高，传统种养占比较大，高质量新技术消化吸收少。农村产业经济过度依赖企业，缺乏自主性，收益保障不稳定。村民基本生活保障无忧，均已脱贫致富，但离"造血型"自主经济和高质量新农村生活水平还有一定差距。

三、存在问题与解决路径

(一)存在问题

1. 产业基础设施仍有待提高

部分土地零散破碎、土壤贫瘠，规模化、现代化农业标准不高，一二三产体系不完善，农业供给质量和效益亟待巩固和提升；蔬菜销售过分依赖外来企业，缺乏自己稳定的销售团队。蔬菜产品品牌缺乏，不具备竞争优势，无法实现自我"造血"，抗风险能力弱。

2. 污水处理和垃圾清运等仍需加强

污水净化设备落后，处理设施不能满足要求；污水处理能力不足，水利用率不高；缺乏统一规划管理，监管不到位。

3. 农村基层治理存在薄弱环节

基层治理体系和治理能力仍待提升；硬件设施滞后，村民精神文化生活水平有待提高。

4. 村内建筑风貌不统一

建筑排列较为散乱随意，缺乏统一规划。

5. 农村有效劳动力外出较多

村内自主创业人员少，缺乏自主产业，村集体无实体经济，一旦外来公司亏本或者倒闭，农户收入就没有保障。

(二)解决路径

1. 持续巩固现有产业

鼓励外出务工人员返乡创业。加强人才队伍建设，完善权责对接机制；建立村集体资金池，健全企业、合作社和村民利益联结机制，整合土地资源，鼓励农业人才自主创业；依托网络平台，开发特色产品，打通农产品生产、包装和销售全链条并联动生产基地观光体验相关服务业。

2. 加强污水治理和资金的投入

加强农村环境治理体系建设，如建立健全乡村环境卫生整治长效机制，强化资金投入，提高卫生防疫水平；完善污水处理技术规范，加快推广普及先进适用的污水处理工艺方法，以实现农村污水处理高效运行。

3. 加大宣传和落实的力度

确保制定的乡规民约执行到位；完善基础硬件设施，带动村民闲时参与兴趣活动，丰富日常生活。

4. 民族文化融入乡村治理

展现更多布依族风貌，打造特色乡村文化；打造"数字乡村"信息平台，让政务信息透明化，使村民了解、熟悉村务治理，积极参与村务监督管理。

5. 积极带领群众发展产业

鼓励闲置劳动力就业；壮大村集体实体经济，积极发展村内自主产业，围绕主导产业规划，调整产业结构，打造当地特色产品，确保集体资产有稳定收益。

四、主要经验与典型做法

(一)主要经验

1. 利用东西部合作政策，打造对口帮扶示范点

坛坪村利用本村资源优势和政策优势，积极对接大湾区，并引导外来企业参与协作，引导大亚湾区企业募集资金支持实施乡村振兴产业项目。坛坪村是黔西南州借鉴惠州市惠城区"四小园"(小菜园、小花园、小果园、小公园)建设经验，积极打造特色田园乡村·乡村振兴集成示范试点的村庄之一。

2. 利用生态农业资源优势，打造"菜篮子"蔬菜基地

坛坪村依托坝区资源优势，建立了 1 070 亩的粤港澳大湾区"菜篮子"蔬菜基地，专供广东菜心，销往粤港澳市场，全年累计可采收 320 余万千克，带动群众就业130 人，人均增收 3 万元。

(二)典型做法

1. 组织引领"见实"更"见效"

以党支部标准化规范化建设为抓手，组织开展志愿服务、党员联系农户、党员先锋创评等活动，让基层组织成为带领群众实现乡村振兴的"主心骨"。阵地建设"强根基"。以坛坪村省级党支部标准化规范化建设示范点为契机，创建红军长征爱国主义教育长廊、乡村振兴实践教学基地，开展培训 2 000 余人次。采取"党支部＋合作社＋公司＋农户"组织模式，由合作社统筹经营管理、基础设施维护、集体土地处置等项目，近年来累计收入 46 万余元，村集体经济积累达 58 万元，为村级组织阵地建设提供保障。党员示范"强带动"。发挥党组织在推进"一中心一张网十联户"工作中的战斗堡垒作用，精准建立 9 个网格，形成 37 个"十联户"单元，配强联户长 37人，其中党员 23 人。组织网格员和联户长，通过联动走访及时发现并解决矛盾纠纷、安全隐患、社会治安隐患等。网格联动"强治理"。引导党员在乡村振兴中冲在前、做示范，采取召开群众大会、党员大会共商，逐户走访征求意见和开展问卷调查的"两会一访一问"方式，全面摸排短板问题。探索建立"点上说""定期说""现场说""上门说"的"四说"机制，化解矛盾纠纷 18 件，整治安全隐患 23 处。

2. 人才队伍"用好"更"用活"

实施"筑坛引匠"人才回引工程，在"引、育、用"三字上下足功夫，为推动乡村振兴绑上"助力器"，激发乡村强大动力。

一是产业发展"吸纳"。由村党组织领办创办合作社，村党组织书记、致富能手兼任合作社主要负责人，推动村干部双向进入合作社，吸纳农户以土地等资源流转入

社，由公司统一组织、统一规划、统一经营、统一收储、统一购销，管理人员可从中获取部分经营管理报酬。目前吸引 5 名新村民在村助力乡村振兴。

二是综合施策"育强"。抓严抓实村"两委"干部选、育、管、用、激等关键环节，吸纳优秀返乡大学毕业生 2 人进入村常务干部队伍，培育村级后备力量 4 人，着力打造一支"永不走"的工作队。采取组织推、村民选等方式，推选产生村民小组长 9 人，通过提高待遇保障、搭建干事平台等，激发小组长助推乡村治理"大作用"。

三是拓宽渠道"用活"。发挥现有资源、新兴媒体等优势，鼓励引导新村民就业创业、发展产业；开展抖音平台"打卡"和直播带货方式，增加工资收入；引导帮助 3 名人员就业创业；鼓励新村民参与坛坪村乡村振兴建设，承揽坛坪村广告设计、河道治理、小母牛养殖等项目建设，推动 5 名有一定技能的人员在村内发展。

3. 示范打造"有声"更"有色"

坚持生态优先，着力构建"一种二养"绿色循环产业发展格局，培育"册亨菜心""矛香猪"等特色品牌，持续带动群众稳定增收，厚植乡村产业发展的根基。

一是产业选择"因地制宜"。按照"小季种蔬菜，大季种粮食"规划，在确保粮食安全的基础上，大力发展坝区蔬菜产业，推行"返租倒包"模式，建设 1 070 亩"菜篮子"蔬菜基地，每年累计采收广东菜心超 320 万千克，销往粤港澳市场，创造产值大于 2 300 万元，带动群众就业 130 人，人均增收 3 万元。

二是组织方式"灵活实用"。推行"代养"模式，采取"公司＋合作社（党支部）＋农户"方式，由公司提供仔猪、饲料及养殖技术，合作社参与日常管理，在公司的指导下进行圈舍改造后启动代养，5～6 个月生猪出栏后，合作社可获得每头 700 元的代养费。目前，合作社共养殖零污染、零排放的生态矛香猪 400 头，产值 240 万元，合作者增收 28 万元。

三是利益联结"互利共赢"。组织 127 户农户参与香港小母牛基金会西门塔尔能繁母牛养殖项目，每户享受项目基金 1.3 万元作为购牛资金；2 年内母牛及所生牛犊全部为农户所有，2 年后将所享受的 1.3 万元项目基金传递至其他未享受的农户；3 年后，将所有投入的 165.1 万元项目基金全部回笼到合作社，作为合作社实施其他项目发展的基金，持续带动社员开展可持续的产业发展。目前，该村已新增牛犊 63 头，通过实施小母牛项目基金传递，农户发展产业的积极性大幅提升。

五、对 策 建 议

1. 持续推动思想解放，改善投资环境

加强对农民的教育和引导，增强农民参与乡村振兴的内生动力。加大对"三农"干部的培训和组织他们研讨、外出考察，积极组织农村各种实用技能培训，全面提升村民综合素养和专业技能。坚持以"缺什么补什么、弱什么强什么、需要什么学习什

么"为原则，通过"赴外考察拓思路，专题讲座强素养，讲评结合明举措，实绩盘点促实效"等方式进行，逐步提高全村干部对乡村振兴战略的系统认识和专业能力，进一步找准方向、理清思路、明确任务、抓实工作，确保落地见效，用思想的"解放"带来行动的"突围"。积极围绕外来投资和本地投资做好服务工作，全面改善内部环境，增强投资信心。

2. 优化产业结构，发展特色产业

立足本地资源和特色产业，通过产业政策引导，加大科技创新力度，推动产业升级和转型，优化资源配置，大力发展特色蔬菜产业、食用菌产业及养殖业及民族刺绣产业。

3. 保护传统文化，打造原生态绿色家园

加强本村布依族传统文化内涵挖掘。乡村是传统文化的重要承载地，应该保护好传统文化，发挥其独特的文化魅力，吸引游客前来体验。强化文明形象维护，守护淳朴乡风民风。加强生态环境保护，开展环境卫生综合整治，保障环境卫生，美化乡村环境，打造原生态布依民族村寨。建立民俗文化展示馆、传统手工艺品制作坊等，打造乡村文化旅游品牌。

调研报告六
普安县茶源街道联盟村特色产业调研报告

一、引　　言

联盟村位于普安县茶源街道办事处东，与晴隆县沙子镇毗邻，是贵州省特色田园乡村振兴集成示范试点。该村以"乡村振兴是为人民群众谋幸福"主题，围绕功能现代、风貌乡土等开展官民农房建设，全面推进村庄改造，实现村容村貌提升、群众安居乐业。

调研组于 2022 年 8 月 11 日前往普安县茶源街道联盟村进行实地走访调研，就本村产业发展现状、基础条件、优势潜力、乡村治理现状、发展愿望、市场需求、重点项目、投资效益、农民增收、产业发展存在问题与解决路径与村民和村干部进行深入座谈交流，形成本次调研报告。

二、主要特征与现状分析

联盟村属于集聚提升类村庄，是公安部援建、东西部协作示范村，2017 年被评定为贵州省少数民族特色村寨，2020 年被授予"第六届全国文明村镇"称号，2021年 7 月确定为贵州省 50 个特色田园乡村·乡村振兴集成示范试点之一。该村寨为典型的民族聚集村寨，布依族人口占总人口的 96.6%，传统民俗传承较为完整，民族文化丰富，有国家级非物质文化遗产"斗弹达吟"（小打音乐），是"贵州绿茶第一采"永久首采地、惠黔东西部协作共建茶业现代农业产业园核心区、普安县高效农业示范园核心区、普安红茶主产区。村内现有国家级农业龙头企业 1 家、省级龙头企业2 家、合作社 9 家、茶叶加工作坊 20 余个（其中，有产值过亿茶企 1 家、全国 500 强茶叶合作社 1 家）。区域内最高海拔达 1 300 米，最低海拔为 800 米，平均海拔为1 000 多米，兼具"高海拔、低纬度、多云雾、少日照"的茶叶生长绝佳环境条件。核心区现有茶园 3 019 亩，茶产业已成为联盟村主要支柱产业之一。

（一）主要特征

1. 区域分布

联盟村位于黔西南州普安县茶源街道办事处东，坐落在四球古茶籽化石发现地云头大山脚下，北面紧邻江西坡社区，东面与晴隆县接壤，南面与细寨村紧邻，镇胜高速公路穿村而过。

2. 基础条件与优势潜力

1）地域交通

联盟村村委会距街道办事处 2.5 千米，距县城 25 千米，距最近高速入口（江西坡收费站）3 千米，距最近汽车站 2.5 千米，距最近火车站（普安站）45 千米，距最近的飞机场（兴义万峰林机场）102 千米。村地理位置区位优势明显，交通便利。镇胜高速公路东西横穿本村，江西坡至细寨的通村路穿过本村，路况良好，道路路面为柏油路。

2）土地资源

联盟村总面积 28 890 亩，全村耕地面积 4 933 亩，其中水田 3 435 亩，旱地 1 498 亩。示范村区域内现有耕地面积 1 453.5 亩，山地面积 120 亩，林果地面积 1 896 亩，耕地流转率为 10％。

3）基础设施

联盟村水、电、路、网全面覆盖，公共服务设施、文化旅游设施、生态处理设施、产业设施相对完善。村内现有生活超市 4 个、卫生室 1 个、老年活动中心 1 个、幼儿园和小学各 1 个，基本满足村民的生活所需。通村公路和村内主要路面均为柏油路，村内沿路设有路灯。全村生活主要用水为自来水，厨房主要能源为电。本村农户对农业基础设施非常满意。

4）人口结构

联盟村现有户籍总人口 216 户 1 044 人，其中劳动力人口 487 人，外出务工 447 人。村常住人口 597 人（其中 16～60 岁 261 人，占常住人口比例为 43.72％），居住着布依族、汉族、苗族、黎族，其中布依族占比 96.6％。劳动力人口受教育程度较低，初中及以下文化程度的占总劳动力人口的 88.1％，多数以从事农业种植、养殖为主，掌握专业技能的人较少，青壮年劳动力大多外出务工，在本地创业的人员极少。

（二）现状分析

1. 产业发展状况

联盟村属于集聚提升类村庄，村庄发展方向明确，全村以茶叶为主导产业，核心区茶叶种植面积达 3 019 亩。村内现有国家级农业龙头企业 1 家、省级龙头企业 2

家、合作社 9 家、茶叶加工作坊 20 余个（其中产值过亿元茶企 1 家，全国 500 强茶叶合作社 1 家）。按照"强龙头、创品牌、带农户"发展战略，采取"问题共商、基地共建、利益共享"和"公司＋基地＋农户"模式，通过线上线下结合销售方式，全村茶园亩产值达 1 万余元，年总产值达 5 000 万元，覆盖带动全村农户 216 户。现有"联盟春""贵康源普安绿茶" 2 个特色知名茶叶品牌。

联盟村以茶产业为主，坚持"茶旅融合、以茶兴村"，依托布依文化、国家非物质文化遗产"斗弹达吟"（小打音乐）等优秀传统民族文化，发展特色休闲农业和乡村旅游产业，将红色文化、古茶文化、早茶文化和民族文化融合，开发旅游产品，打造特色村寨。年接待游客约 2 000 人次，实现年旅游收入 20 余万元。

2. 生态环境状况

调研区域特色田园乡村生态环境建设成效明显，全村积极践行"绿水青山就是金山银山"理念，引导农户按照要求规范采摘茶青，监督、严禁农户违规使用农药，组成监督巡查组对核心区 3 019 亩茶园开展巡查工作。村庄绿化覆盖率达 80％；基本实现自来水全入户，97 户实现旱厕改造；畜禽粪污综合利用率为 80％；村内设有污水集中处理设施，基本实现雨污分离。村内设置分类垃圾桶，生活垃圾定时转运到城镇统一处理。调研组随机走访农户，对目前居住的生态环境发展进行满意度评价，大多数比较满意村内的生态环境发展，但是认为还有待进一步提升的空间。

3. 乡村治理状况

管理村内事务，培养村集体治理人才，引导村民破除陈规陋习，宣传文明乡风。建立数字乡村平台及信息管理系统，在公共区域和重要路口安装视频监控采集系统，建立手机 App 管理、广播宣传系统，通过安全隐患"随手拍、随时采、随手报、随时宣"等方式，及时发现和处理村里安全隐患，乡村治理效果显著改善，村民满意度明显提升。

4. 乡村文明状况

联盟村在充分与群众共商的基础上，广泛征求群众意见和建议，根据村情民情，制定了联盟村"乡村振兴公约"，通过简单通俗易懂的"十要十不要"，进一步规范群众行为，紧贴新时代社会主义核心价值观，引导群众树立社会主义法治理念，遵纪守法，杜绝等、靠、要的懒惰行为，提倡自力更生、艰苦奋斗，助力乡村振兴。全村学龄儿童入学率达 100％，年轻人口平均受教育年限为 9 年，有"星级文明户""文明家庭" 8 个，图书室 1 个，结婚彩礼费用一般为 5 万～10 万元。村内经常举办思想政治宣传、科普宣传、法律宣传等活动，但村民主动进入图书馆学习积极性不高。村内无虐待老人和儿童行为。绝大多数农户对本村乡风建设比较满意。

5. 生活水平状况

目前村民人均年纯收入约为 1.2 万元，村集体年均收入为 5 万元。新型农村合作医疗参合户数为 216 户，农村养老保险参保户数为 134 户，购买农业保险户数为 216 户。

村内已实现联网，包括移动、联通、电信和广播电视均能满足村民的娱乐需求。使用有线电视户数为 129 户，使用宽带家庭户数为 129 户，使用智能手机户数为 216 户，拥有私家车户数为 73 户。村内鼓励、引导农户实行季节性务工，清明前茶青价格好，青壮年劳力在家采摘茶叶，待明前茶采摘结束后，青壮年劳动力外出季节性务工，增加家庭年经济收入。

目前，整体村民生活质量有所提高，但农村产业经济过度依赖外来企业，缺乏自主性，收益保障不稳定。村民生活基本生活保障无忧，但离"造血型"自主经济和高质量新农村生活水平还有一定差距。

三、 存在问题与解决路径

(一)存在问题

1. 产品的附加值较低

茶业产值集中在茶青交易产值上，产业链不长。

2. 乡风文明发扬不够

对茶文化、布依文化的挖掘不够，乡风文明的群众自主性还不够，群众思想转变还存在一定的过渡期。

3. 高素质人才缺乏

村内劳动力受教育文化水平程度低，农户个人综合素质有待提高，缺乏茶产业发展所需的专业技术人才和管理人才，农村自主创业人才紧缺，导致本土自主企业难以发展和立足。

(二)解决路径

1. 延伸产业链条，促进产业融合发展

管护好"贵州绿茶第一采"和"普安红茶"生态茶园基地，做强"黔茶第一春""普安红"等特色茶叶品牌，构建一条特色产业链。紧紧围绕塑造早春茶产业品牌，大力推进茶产业"接二连三"融合发展，构建一条从"种茶"到"制茶"再到"卖茶"的全产业链，提升茶产业附加值。以"茶文旅"融合发展为核心，开发"住茶园、品茶饮、购茶产"等旅游新业态，形成"茶＋旅游""茶＋物流"等产业融合发展模式，让群众共享茶产业全链条各个环节利益。

2. 发扬民族文化，营造良好氛围

加大对本地乡土民族风情文化内涵的挖掘，结合本地茶园风光及旅游资源，大力发展以茶和民族文化为主体的乡村休闲旅游业。通过本地民族文化引导乡风文明良好发展，从根本上转变村民等、靠、要的懒惰行为，营造良好的乡风文明氛围。

3. 加强产业技术培训，提升产业科技创新能力

加强农业产业技术培训，提升农村人口的综合素养和专业技能，增强茶叶产品科技创新能力和产品品牌竞争力，提高茶叶产业经济效益，增加群众收入。积极引导外出务工人员回乡创业，促进本村茶产业可持续发展。

四、主要经验与典型做法

（一）主要经验

联盟村为省级乡村振兴示范点，坚持以群众为主体，紧紧围绕"乡村振兴为农民而兴、乡村建设为农民而建"，尊重群众意愿，充分激发群众内生动力，发挥基层党组织战斗堡垒、党员先锋模范、合作社龙头组织、致富带头人示范引领作用，以"五共四要"工作法为抓手，全面推进乡村振兴示范点建设。

（二）典型做法

1. "五共"强动能

乡村振兴，关键在农民。联盟村在省级乡村振兴示范点建设中，顺应农民呼声、尊重农民意愿、引导农民参与，在充分调动农民积极性、主动性、创造性基础上，着力把农民对美好生活的向往有效转化为推动乡村振兴的不竭动力，真正实现了有活力、有价值、可持续的乡村振兴。

一是共商清单。紧紧围绕群众需要，组织召开群众会、院坝会 24 次，入户共商 300 余次，收集群众意见 131 条次，采纳合理化建议 31 条，形成 97 户投资投劳参建清单，进一步明晰政府、群众分别需要做的内容，指明示范试点建设方向和宜居农房改造内容。

二是共建家园。算好政府、农户的投入账和效益账，采取政府奖励撬动农户投入的方式，以政府投 60%、农户投 40% 的比例进行预算，实现以政府原材料投一点、农户投资投劳出一点的方式开展共投共建。目前全村共建设庭院 97 户，改造提升 10 户样板户，按照"厕所革命"建设规范流程，改造卫生厕所 97 户，引导群众养成良好卫生习惯，不断提升群众生活品质。

三是共管维护。以"乡村振兴公约""村民议事""红黑榜""文明家庭评比"等为抓手，探索十户联保共管，组织先进党员、致富能手、乡贤寨老等力量，带领农户开展公共区域卫生整治 26 次、庭院和室内卫生整治 170 余户，化解群众矛盾纠纷 12 件，整治农村滥办酒席 5 次。通过持续强化网格管理，形成共同管护机制，充分调动群众积极性，破除陈规陋习，弘扬文明乡风。

四是共担责任。夯实党建引领，推行"党建＋微"（党建＋微权力清单、党建＋

微养老服务、党建＋微托幼中心、党建＋微政务中心、党建＋微文化广场、党建＋微村级劳务队），村"两委"深入村组、田间地头，全面发挥村级党组织战斗堡垒作用和党员先锋模范作用，凝聚干群共识，形成推动乡村振兴强大合力，共同担起做强做大茶产业、抓紧抓实基层治理、有效改善人居环境、推动实现乡风文明、共建美丽宜居乡村的责任。

五是共享成果。通过政府奖励撬动农户全员参与，共同建设美好家园，让广大群众共享逸静、富裕、淳朴、宜居的特色田园乡村建设成果，实现生态优、产业特、村庄美、农民富、集体强、乡风好。

2."四要"优目标

乡村振兴的最终目标是建设农业强、农民富、农村美的乡村。联盟村在省级乡村振兴示范点建设当中，注重基础设施建设，加强"乡味"保护，强化产业支撑，因地制宜美化村容村貌，做到生产、生活、生态"三位一体"统筹推进。

一是里子要"硬"。围绕功能现代、风貌乡土、成本经济、结构安全的宜居农房建设思路，以"一分、三净、五改"逐步推动，建设污水治理工程，铺设污水管网1 879米，帮助农户划分生产生活功能区，做到室内地面、墙面、顶面干净整洁，同步改厨、改厕、改圈、改室内电线、改通风采光，实现农房功能完善、屋内干净整洁、室外田园风光、群众安居乐业。

二是面子要"正"。以村庄总体风貌谋划屋外功能及环境设施，破除乱搭乱建、规范垃圾处理、集中污水治理，组织拆除乱搭乱建62处，清理门前"三堆"23处。按照乡土特色和实用标准，规范建设，集聚乡土能人工匠共谋参建，推进宜居农房建设97户，突出茶文化主基调、农村农味的村落小景，呈现出一幅人与自然和谐相依、朦胧茶山人家的山水画卷。

三是产业要"特"。抢抓"贵州绿茶第一采"永久首采地和举办的机遇，整合各方资源，加大茶产品宣传推介，打响本地茶品牌；探索"龙头企业＋合作社＋茶农"模式，统一加工标准，严格质量把控；种植管护茶叶3 019亩，发展茶叶加工企业3家、涉茶合作社2家，年产优质成品茶近680吨，产值5 000万余元，每亩茶园年收入5 500元左右，辐射带动周边村农户550余户，户均增收2.1万元，真正把茶产业做特、做大、做强，使其成为乡村振兴产业支柱，促进农户增收致富。

四是群众要"干"。始终坚持群众主体地位，紧紧围绕"里子要硬、面子要正、产业要特"做实群众工作，共商建设清单，让广大群众主动参与、全面参与、全程参与，增强群众主人翁意识；融洽干群关系，带动农户积极规划庭院，拆除乱搭乱建，营造政府拉动、干群共建、热情高涨的良好创建氛围。

五、对策建议

1）立足新时代乡村的新变化、新形势、新要求，深化党在乡村治理中的领导地位，持续坚持党建活动引领乡村治理，更加重视并不断提升党建引领乡村治理的有效性，推进乡村治理进程。

2）依托布依文化、国家非物质文化遗产"斗弹达吟"（小打音乐）等优秀传统民族文化，发展特色休闲农业和乡村旅游，将红色文化、古茶文化、早茶文化和民族文化融合，开发旅游产品，打造特色村寨。同时，强化文明形象维护，守护淳朴乡风民风；加强生态环境保护，开展环境卫生综合整治，保障环境卫生，美化乡村环境，打造原生态村寨。建立民俗文化展示馆、传统手工艺品制作坊等，打造乡村文化旅游品牌。

3）积极争取财政投入，努力向农业农村部门争取优势特色产业集群、国家现代农业产业园、农业产业强镇等政策支持，努力打造全产业链条，促进一二三产业融合发展。积极围绕外来投资和本地投资做好服务工作，全面改善内部环境，增强投资信心，吸引更多社会资本投资乡村特色产业。

4）建立健全茶业产业链生产标准体系，提高产业标准化生产水平；完善多元化销售渠道，发挥市场、品牌优势，吸引更多经营主体、科技人才、社会资本等资源向乡村聚集，开发茶相关产品产业，完善仓储物流等设施和餐饮住宿等服务体系，促进生产、生活、生态协同发展。

5）强化科技支撑，推动国家、省级现代农业产业技术体系覆盖本村茶叶特色产品，加强与贵州省农业科学院、贵州大学等相关院所合作，推动贵州省科技厅、贵州省农业农村厅、贵州省发展和改革委员会等设立茶叶产业发展专项，培育一批乡村工匠、实用专业人才和茶产业带头人。

调研报告七
德江县平原镇坳田村特色产业调研报告

一、引　　言

　　调研组于 2022 年 8 月 11 日前往德江县平原镇坳田村进行实地走访调研。本次调研调研组发放了调查问卷 1 份，收回问卷 1 份，实地走访企业（合作社）1 家，与村支书、村主任及驻村干部进行了座谈，随机走访农户 10 户，并结合本村产业发展现状、基础条件、优势潜力、发展愿望、市场需求、重点项目、投资效益、农民增收、乡村治理现状、发展趋势、存在问题与解决路径、成果经验与推广模式等，形成了本次调研报告。

二、主要特征与现状分析

（一）主要特征

　　坳田村位于凤岗、务川、德江三县交界处，交通便利。依托便利的交通和市场条件，坳田村发展起了"牛经济"，全村的肉牛产业蓬勃发展。2021 年，坳田村被贵州省林业局评为贵州省森林村寨。近年来，德江县依托肉牛养殖基础，率先在平原镇坳田村大力发展肉牛养殖，积极探索并创建了以种草养牛为主的"小规模、大群体、分户养、集中销"的"坳田模式"，助力乡村产业振兴。截至 2023 年，坳田村种植高产饲草 600 余亩，养殖户达 130 余户，存栏达 1 200 余头，年产值达 3 000 万元以上，户均增收 1.5 万元以上。坳田村党支部聚焦建强基层党组织，围绕强化政治功能、发展功能、服务功能，增强党支部在村集体经济产业发展中的全面领导，把准"坳田模式"的方向盘。双向培养强化政治功能。通过把致富能手培养成党员、村干部，把党员、干部培养成发展能手，做到党员、村干部人人掌握养牛技术，至少领办创办 1 个家庭农场或专业合作社，联系带动 1 户以上农户增收致富，着力打造更多"牛党员"

"牛干部"。通过代购代售、技术服务、资源共享、信息互通，逐步发展肉牛产业。目前肉牛产业已成为该村的支柱产业。

1. 区域分布

坳田村位于德江县平原乡南，距乡政府 4.5 千米，其东与本乡台头村隔河相望，东南与本县复兴乡小吴基村毗邻，西与本乡南坪村隔山相望，北与本乡水车村接壤，村委会设在车田窝组。全村人口共 1 213 人，其中农业人口 1 205 人，总面积为 5.7 平方千米，耕地面积为 1 056 亩，土家族人占大多数，森林资源丰富，通公路。

2. 基础条件与优势潜力

1）地域交通

村委会距镇政府 4.5 千米，距县城 52 千米，距最近高速入口（江西坡收费站）25 千米，距最近汽车站 4 千米，距最近火车站（松桃站）14 千米，距最近的飞机场（铜仁凤凰机场）47 千米。杭瑞高速毗邻坳田村，道路路面以柏油路面为主，路况较好，地理位置优越，交通便利。

2）土地资源

坳田村总面积 5.7 平方千米（8 550 亩），全村耕地面积为 1 056 亩，牧草种植面积为 600 余亩。高粱、青贮玉米、小黑麦均有种植。

3）基础设施

坳田村水、电、路、网全面覆盖，公共服务设施、文化旅游设施、生态处理设施、产业设施相对完善。村内现有百货店 3 个，基本满足村民的生活所需。通村公路和村内主要路面均为柏油路，村内沿路设有路灯，道路基础设施良好。全村生活主要用水来源为自来水，厨房主要能源为电。本村农户对农业基础设施非常满意。

4）人口结构

坳田村属于原建档立卡三类贫困村，辖 5 个村民组。全村现有人口 259 户 1 144 人（含搬迁户 5 户 30 人），其中常住人口 165 户、脱贫户 64 户 281 人、低保户 19 户 75 人（享受低保 43 人）、特困供养户 3 户 3 人、重残 8 户 9 人。全村共有监测对象 4 户 18 人（其中边缘易致贫户 3 户 14 人、突发困难户 1 户 4 人），2022 年新增监测对象 2 户 8 人。

（二）现状分析

1. 产业发展状况

坳田村深入推广"六共"机制，稳步推进"村社合一"，以肉牛、油茶、饲草、生猪等产业为主。村级集体经济主导产业有肉牛养殖业和有机肥加工业，脱贫户 64 户 285 人全部加入合作社，2022 年村级肉牛主导产业收入 35 万元，全部用于再投入，滚动发展。

坳田村主推肉牛养殖发展，巩固脱贫攻坚成果，现有村民承包制养殖场 17 个，每年由承包场地的村民缴纳 1 万～5 万元场租费用，村委会集体管理，年底向全村村民分红，由东莞市一对一招商引资帮扶坳田村乡村振兴产业发展，先引荐 1 个大型堆肥处理场，年产量 7 800 吨。

2. 产业富村状况

乡村要振兴，产业是基础，是防止出现空壳村的关键。

一是深入推广"六共"机制，稳步推进"村社合一"，做大做强牛产业。改进肉牛饲养方式、肉牛品种、饲草品种及酒糟储存等。培育新兴肉牛养殖和管理人才，借助互联网、新媒体平台，改进肉牛销售方式。帮助养殖户低利息贷款 100 万元，申请信用贷款额度 1 000 万元，投入 300 余万元完善养殖场基础配套设施。

二是扎实做好油茶管护工作，扩大油茶种植规模，培育油茶种植管理技术人才，动员务工人员返乡创业。坚持"群众利益无小事，一枝一叶总关情"原则，高度重视群众产业发展，既做好监督员，又做好服务员，用心用情为群众发展产业做好服务，确保产业发展有成效。

三是发展壮大村办企业，投入 300 余万元建设有机肥加工厂，把牛粪变废为宝，实现经济增长良性循环。市委组织部为坳田村有机肥加工厂协调解决 3 000 吨销售任务，打通坳田村有机肥加工厂销售"最后一公里"。动员村民参与入股分红，提高经济收入，切实增强群众获得感、幸福感。

3. 乡村文明状况

乡村要振兴，环境是前提。通过发挥党建引领，扭转群众环境卫生意识，培养良好卫生习惯。

一是发挥护林员、保洁员等公益性岗位作用，分组包片、常态化开展公共区域环境卫生打扫，党支部不定时开展督查问效，确保公共区域长期保持干净整洁。发挥党员先锋队优势，入户开展群众思想工作，督促做好房前屋后卫生"三包"工作。运用村规民约进行管理，对未达标路段实行"亮灯"提醒，在红黑榜上进行公示。

二是以省级特色田园乡村振兴集成示范试点为契机，投入 400 余万元建立生活污水无害化处理设施；投入 1 038 万元开展宜居农房建设，统一设计、布局房屋风貌、花园等，整顿群众房前屋后农具、柴垛等乱堆乱放现象。修建 3 个停车场，规范主干道、村组道车辆停放，确保道路畅通无阻。

三是争取 50 万元路灯项目资金，解决部分路段黑灯瞎火问题，植密稀疏灯光，打造坳田村夜间道路"亮化"，实现村庄白天干净整洁，夜间亮化美化目标。

4. 乡村治理状况

乡村要振兴，文化是灵魂。积极挖掘发扬传统文化，扭转乡风恶习。

一是常态化开展入户走访，大力宣传党的政策，讲好脱贫攻坚故事，用先进事迹感染和影响群众。开展就业技能培训＋思想教育，增强群众就业本领。深入推进"好媳妇""好公婆""环境最美户"评选等工作，改善乡风民俗，弘扬传统美德。

二是深入推进"院坝协商"试点，常态化召开群众会，听取群众对村级发展、乡风民俗等意见，制定、完善村规民约，实现以德治村、管人。推行民房建设改革试点，大力宣传"三评""四审"程序，防止侵占生态红线和良田耕地。

三是投入 100 余万元修建村民文化广场，党支部牵头，以文化广场为载体，组织群众跳广场舞等娱乐性活动。以党史学习教育为契机，组织老党员、村干部、群众讲述坳田肉牛养殖发展史、党员群众脱贫致富奋斗史。

5. 劳动人口状况

坳田村共有劳动力人口 650 人（不含 60 岁以上），其中困难监测对象劳动力人口 8 人；外出务工 312 人（其中脱贫人口省外务工 75 人、省内县外务工 10 人、县内乡外务工 4 人），乡内务工 34 人，有外出务工意愿的 45 人，公益性岗位就业 11 人。

三、 存在问题与解决路径

(一)存在问题

1. 养殖技术不够完善

肉牛养殖技术比较传统，缺乏专业肉牛养殖技术人才，高素质人才缺乏。

2. 缺乏劳动人口

大量青壮年劳动力外出务工，家乡对年轻人缺乏吸引力，种养收入周期及预期不能够满足年轻人的需求。

3. 大病致贫现象仍有发生

虽然近几年政府设有"新农保"、大病救助和其他一些慈善救助措施，但这些对遇到大病的村民只是"杯水车薪"，因病致贫阻碍了乡村振兴发展。

4. 脱贫成效明显，长效机制缺乏

很多脱贫的贫困户因为种养脱贫，但抵御自然灾害的能力很弱，有点"风吹草动"就会返贫，甚至可能会因为贷款种养造成负债。

(二)解决路径

1. 巩固脱贫抓落实

坳田村严格落实"四个不摘"，每月按时开展防贫预警工作，定期对脱贫不稳定户、边缘易致贫户、"四因一突"困难户人群进行重点监测，围绕"一达标两不愁三保障"和饮水安全，对存在返贫风险的农户做到早发现、早干预、早帮扶，及时化解返贫致贫风险，持续巩固好脱贫攻坚来之不易的成果。

2. 做强品牌引人才

坳田村充分利用村现有资产资源，积极发挥土地流转作用，将闲置土地利用起

来，引导更多群众种植饲草，发展肉牛产业，运用好坳田村"小规模、大群体、分散养、集中销"的发展模式，借助各级帮扶机遇，打造坳田村"一村一品，一品一特"的坳田肉牛品牌。增强有机肥加工厂市场竞争力，开足马力提高生产规模，吸纳更多务工返乡人员就地就业，把有机肥加工厂打造成全村群众增收致富的重要场所。

3. 抓好契机谋发展

坳田村以省级特色田园乡村·乡村振兴集成示范试点为契机，用足用好各级帮扶资金，做好饲草种植基地改扩建、产业培训中心改扩建、"牛家乐"体验馆等项目建设工作，实现"坳上拓荒牛、田园牧歌村"田园式生活目标。

4. 做好畜牧奔小康

坳田村助力家家户户发展肉牛养殖、饲草种植、白茶和油茶等产业，尽量每一户都有"一长两短"产业覆盖，肉牛养殖超越目前规模，达到人均2头牛以上，户均增收10 000元。

四、主要经验与典型做法

（一）主要经验

坳田村以"农业种植—畜禽养殖—粪污处理—肥料加工—还田利用"的良性循环发展模式，不断提升特色现代农牧业水平。进一步开发肉牛产业发展潜能，着力提升附加值，配套完善主题餐厅、田园风光为载体的牧旅、农旅、文旅产业，带动全镇经济社会发展，助力平原镇打造肉牛特色产业小镇，致力打造产业振兴带动全面振兴的样板。

（二）典型做法

1. 坚决落实"摘帽不摘政策"

坳田村走家入户深入宣传脱贫户、监测户、边缘易致贫户脱贫不脱政策，继续享有医疗、教育等方面政策补助，大力宣传小额信贷贴息和东西部协作助学助工等政策。围绕"3+1"安全保障，驻村干部、村"两委"常态化开展自查排查工作，帮扶干部每月按时开展2次以上帮扶任务，针对排查情况，及时召开研判会，针对存在的问题，逐一分析研判，因户施策，提出整改措施和整改时间，及时整改到位。目前，坳田村享受医疗减免281人，教育补助78人，危房改造2户，残改8户，"莞盟同心助学"40名，农村厕所改造259户。

2. 坚决落实"摘帽不摘责任"

坳田村组织学习巩固脱贫成果同乡村振兴有效衔接政策精神，驻村干部、村"两委"和帮扶干部做到学深悟透，知行合一。驻村联系领导牵头，驻村工作队具体负责,按照一名驻村干部和一名村干部搭配原则,分组划片包保,帮扶干部包保脱贫户,既做到有分工,又做到有合作,压紧压实工作职责。目前,帮扶干部来村帮扶300余次,结合"我为群众办实事"要求,为脱贫户、监测户、边缘易致贫户解决问题34个,帮助群众协调贷款100万元,争取雨露计划3个,解决高考助学6名,理清产业发展思路25户,解决就业58人。

3. 坚决落实"摘帽不摘帮扶"

驻村帮扶力量持续加强,按照"1＋2"驻村人员搭配,由市委派驻驻村第一书记,镇党委派驻驻村工作队长和驻村队员,结合帮扶干部共计17名,与建档立卡脱贫户建立结对帮扶。通过宣传政策,积极为脱贫户争取政策补助,增加经济收入。广泛开展"暖冬行动",同时整治卫生环境,扭转环境卫生意识,不断巩固拓展脱贫成效。通过一系列的帮扶举措,积极协调对接农作物受损补偿8户,见犊补母5户,农作物补贴60户,政府贴息贷款13户。

4. 坚决落实"摘帽不摘监管"

定期组织对全村脱贫人口开展"回头看"、大排查,对已脱贫、因"四因一突"可能导致致贫返贫的困难群众进行动态监测和及时预警,通过每月按时开展防贫预警工作,确保脱贫户不返贫,持续巩固脱贫成果。

五、对策建议

1. 建强"一个组织",夯实基层战斗堡垒

一是强化双向培养。村党支部严把党员、村干部入口关,凡申请入党和参加村干部竞选的人员,必须掌握养牛技术,能带领群众发展肉牛产业;着力把致富能手培养成党员、村干部,把农村党员、干部培养成发展能手;做到党员、村干部人人掌握养牛技术,人人参与产业发展,至少领办创办1个家庭农场或专业合作社,联系带动1户以上农户增收致富,倾情打造"牛党员""牛干部"。

二是强化交叉任职。推行村党支部书记与农民专业合作社交叉任职,整合集体经济资金100万元,支书个人筹资8万元,村"两委"干部和致富能手筹资104万元,组建坳田村畜牧养殖农民专业合作社。该社由村支书兼任合作社法人,党员、村干部同时担任合作社管理人员,村"两委"班子成员和党员干部帮助协调解决资金、技术等问题,实现了合作社和村党支部交叉任职,两套班子、一套人马,既抓基层组织建设,又抓产业发展。

三是强化党小组服务。党支部围绕养牛产业链条设立5个党小组,分别是监督服务组、养殖服务组、种草服务组、市场服务组、政策服务组。这5个党小组紧紧围绕养牛环节抓产业,在如何养牛、如何养好牛、如何种草、如何进行防病等方面,积极建言献策,充分发挥各自职能职责作用,帮助群众解决肉牛购买技巧不成熟、饲养技术不精准等问题，把成本和风险降到最低，成为养殖户的桥梁纽带，推进养牛产业的快速健康发展。

2. 聚焦"三大振兴"，助推乡村全面振兴

一是抓好产业振兴，通过宣传典型、政策引导，鼓励动员群众积极发展肉牛产业。

二是抓好人才振兴。积极发挥坳田村养牛实训基地的作用，利用自身技术、引进外面技术，实现对内对外培训相结合，探索形成"学校＋基地"联动的教学模式。积极与贵州大学、贵州省农业科学院建立合作关系，贵州大学在坳田肉牛养殖园区设立博士种草示范点、科技养牛试验田，贵州省农业科学院给予肉牛养殖防疫技术支持，大力培育"牛专家""牛经纪""牛经理"等合作社专业人才 60 名，组织开展农村适用技术人才培训 500 余人次，组织开展创新农村适用人才评选活动。

三是抓好文化振兴。通过新时代农民讲习所、农家书屋、"我为群众办实事"、院坝会等方式，大力宣传党在农村的路线方针和惠民政策，通过村干部讲政策、本村老党员讲传统、产业大户讲经验，从思想上引导群众转变观念意识，倡导和发扬社会主义核心价值观，不断丰富坳田村群众的精神文化生活。

3. 搭建"三个平台"，促进乡村融合发展

一是搭建发展平台，壮大经营主体。坚持园区带动，制定出台《关于激励镇干部创办、领办合作社实施意见》《关于肉牛产业发展补助实施方案》等政策文件，充分整合集体经济资金、社员入股资金、肉牛产业基金"三金"资源，协助经营主体持续壮大，让"牛事儿"天下知、农民家家富。

二是搭建技术平台，推广先进经验。坚持"线上＋线下"构建技术服务，以线上建立网络工作群，线下园区邀请、电话咨询等方式，扩大技术覆盖面。利用微信、QQ 等 App，将技术培训站点建在移动端，随时随地帮助农户解决问题；定期组织开展学习沙龙、实地讲解和经验推广，提高农户养殖效益。

三是搭建市场平台，保障群众利益。在坳田肉牛养殖园区建立培训中心、实训基地，依托平原、复兴肉牛交易市场，村内聘请"牛经纪人"2 名，建立经纪人管理制度，负责对园区实行统一登记、管理、培训、培养，对买卖肉牛进行询价，传递交易信息，促进定点销售、定时销售、预订销售，为养殖户做好供销一体化服务，稳定肉牛价格，推动产销对接，拓宽市场渠道。

调研报告八
黔西市新仁苗族乡化屋村特色产业调研报告

一、引 言

2021年2月3日，习近平总书记亲临黔西市新仁苗族乡化屋村视察，带来了党中央的亲切关怀，为化屋村的发展指明了方向。村"两委"和驻村工作队深入贯彻落实习近平总书记视察化屋村重要讲话精神，牢记嘱托、感恩奋进、勠力同心，着力强组织、兴产业、优治理、促增收，推动化屋村强基固本，乡村振兴工作取得喜人成绩。

二、主要特征与现状分析

（一）主要特征

1. 区域分布

化屋村原属于深度贫困村，位于乌江源百里画廊鸭池河大峡谷东风湖北岸，是新仁乡乃至黔西市最具代表的苗族聚居村落，村内下设岔河组、黔织组、河头组共3个组，村海拔870～1 360米。化屋苗寨是毕节旅游总体规划重点打造的"百里杜鹃—化屋苗寨—织金洞"精品旅游线路的一个亮点。

2. 基础条件与优势潜力

1）地域交通

化屋村隶属于贵州省黔西市新仁苗族乡，位于百里乌江画廊鸭池河大峡谷、东风湖北岸，属二水（鸭甸河、六圭河）交汇、三县连界的河谷地带，从筑大高速新仁大关站出高速，车程10分钟可到村委会，村委会距贵阳约45千米，距黔西市30千米，地理位置优越，交通便利。

2）土地资源

化屋村总面积 8.2 平方千米（12 300 亩），耕地面积 1 403 亩，人均耕地面积不到 4 亩，并且土地以沙石土为主，土层薄，保水能力差。林地面积 3 986 亩，森林覆盖率超过 60％。

3）基础设施

化屋村水、电、路、网全面覆盖，文化、生态、产业及观光设施完善。

一是文化设施：建成苗族文化展示馆、歌舞演绎广场。

二是生态设施：有机垃圾和养殖废弃物种养循环处理、化屋改革研学中心、生物生态耦合污水处理、麻窝寨原生环境展示区等设施完备。

三是产业设施：建有黄粑生产加工坊、苗绣与蜡染加工坊、樱桃种植园、枇杷种植园、蜂糖李种植园、石斛观光示范园、桃园观光采摘示范园、蔬菜种植示范园。

四是观光设施：建有滨河自行车道、滨河步道、游船码头、花坡广场。

4）人口结构

化屋村有 3 个村民组 295 户 1 201 人，居住着苗、彝、汉 3 个民族，其中苗族 275 户 1 096 人，占比为 96.7％。

（二）现状分析

1. 产业发展状况

该村围绕旅游这个定位抓产业发展，具体如下。

一是"旅游＋精品农业"方面，种植小黄姜 300 亩，组织群众 32 人参与务工，从种植到除草、施肥、收获等环节，共支付 7.3 万元劳务费，人均增收 2 000 元以上。

二是"旅游＋民族手工业"方面，发展壮大苗绣和蜡染产业，引进文丽刺绣蜡染公司与合作社合作发展，合作社以村集体厂房折资入股，占 30％股份，公司以设备、资金等入股，占 70％股份。该村依托苗绣和蜡染技艺开发了围巾、艾草香包等 30 余种旅游小商品，进一步丰富了苗族手工艺业态。目前，蜡染刺绣车间产品通过线上线下进行销售，其中，线上销往浙江、广州、上海等地，2021 年上半年销售额达到 80 余万元；线下销往毕节、遵义及本地观光游客，销售额达到 120 万元。黄粑产业由合作社带动赵玉学、何兰等农户进行小作坊生产，日产量为 400～500 千克，日产值约 1.2 万元。申报东西部扶贫协作项目改建田坝村黄粑加工厂，年产值约 150 万元，利润约 30％，按照利润比例 1∶3 分成，合作社收益 20 万元。

三是"旅游＋现代服务业"方面，启动实施停车服务项目，2021 年上半年，村集体创收 12.27 万元；组建旅游服务队 1 支，接待游客团近百个，营业收入超过 6 万元；组建苗族歌舞队 1 支，开展文艺演出近 50 场；全年新增农家乐 12 家，累计全村共有农家乐 29 家，每家平均可同时接待 40 人以上，月均收入达 3 万元以上；民宿旅馆 12 家 206 个床位，月均收入 3 万元以上；农家超市 8 家。

2. 生态环境状况

深入贯彻落实习近平生态文明思想，牢记"绿水青山就是金山银山"，紧紧依靠群众保护好东风湖的水质，保护好化屋村的良好生态，真正把化屋村的绿水青山转变为金山银山。

一是常年聘请两名村民为湖面打捞员，不间断打捞东风湖面的垃圾，确保化屋村东风湖面清洁干净。

二是组织志愿服务队持续开展巡湖工作，宣传劝导游客不乱扔垃圾、不私自下河游泳，开展沿湖垃圾清理，确保村域东风湖岸洁水净。

三是积极开展退耕还林工作，组织群众栽培经果林 1 400 余亩，15°以上坡耕地全部退耕还林，化屋村森林覆盖率超过 60%。

四是实施污水治理项目，对全村沿河的 101 户重点户实施了污水治理项目，确保农户污水不乱排乱放。

五是民居改造，以定型的黔北民居样式为基础，将民居整体风貌建成"一家一特色、一户一看点"的化屋苗族民居建筑群，最终形成依山傍水、显山露水、田园风光的特色田园乡村。

3. 乡村治理状况

一是以十一届村"两委"换届为契机，选优配强村"两委"班子成员。由乡党委副书记任化屋村支部书记，村"两委"成员共 7 人，平均年龄 33 岁。大专及以上学历 5 人，占比为 71%。

二是持续壮大党员队伍。化屋村党支部共有党员达 32 人（其中少数民族党员 22 名，大专以上学历党员 20 人）。尤其是 2021 年 2 月 3 日习近平总书记到化屋村视察工作后，化屋村全体干部群众备受鼓舞，激情满怀，对发展充满着信心和决心。很多返乡青年积极向党支部递交入党申请书。通过支部培养，10 名递交入党申请书的同志先后转为入党积极分子。

三是深入开展普法教育宣传，大力开展"法律六进"知识讲座，教育干部群众自觉学法守法用法，进一步增强人民群众的法治意识和法治观念，引导群众依法办事，进一步提高法治化管理水平，努力维护发展稳定大局。

四是狠抓基层自治，修改完善村规民约，深化法治德治自治体系，努力实践"一中心一张网十联户"工作，加强平安建设和疫情防控，持续开展扫黑除恶专项斗争宣传。

4. 乡村文明状况

一是依托新时代文明实践站，邀请市、乡、村三级讲习员开展现场讲习，大力弘扬优良传统文化，用百姓话说百姓事，把"大道理"讲细讲活。通过开展讲习活动，坚持以学修德，不断夯实群众明大德的基础、守公德的底线、严私德的根基，从根本上避免陷入少知而迷、不知而盲、无知而乱的境地，努力提升全村群众的道德境界。

二是大力实施"十户（护）联动""小手拉大手"等机制，开展卫生家庭评比活动，依托"文明积分超市"，完善积分和兑换机制，开展积分兑换，引导群众养成爱护环境卫生的良好习惯，让习惯成为自然，促使民居院落靓起来，村庄村寨亮起来。

三是挖掘群众身边善行义举，晒出好人的光彩画面，树立弘扬良好家风，营造向善向上、见贤思齐的氛围。通过专人撰写、群众认领、村级评议等环节，引导群众在认领中把家风家训家规内化于心、外化于行。

四是坚持以文化人、以文育人，邀请化屋村文化文艺志愿者传唱红歌和原创颂党恩诗词咏诵，组织群众传唱红歌和书写家乡，让群众在参与中获得精神滋养。

5. 生活水平状况

聚焦激发群众内生动力，积极鼓励引导群众通过外出务工和开办特色民宿、特色农家乐以及进行小商品销售等增加收入，2023 年人均收入超过 2 万元。

三、 存在问题与解决路径

（一）存在问题

1. 建设资金不足

在省级特色田园乡村·乡村振兴集成示范试点项目建设过程中，制约和影响化屋村发展的主要瓶颈就是建设资金不足。乡村财力拮据，群众自筹资金困难，市级财政投入资金也有限，导致项目推进阻力大，资金保障困难。

2. 群众增收产业"窄""低"

产业发展局限性大，层次偏低，下一步的增收替代产业发展效果不明显。化屋村多数村民以前以捕鱼为主，从禁渔期开始，多数村民的收入大大减少；依靠种植传统作物的村民，有少数人种植经果林，但经济效益不高。

3. 开发建设难度大

化屋村受几大"红线"（指生态保护红线、生态功能红线、水资源红线、耕地保护红线）制约，"全域性旅游"的开发面受限，建设难度较大。

（二）解决路径

1. 统筹推进产业发展

围绕"产业兴旺"，统筹推进产业发展。化屋村结合村情实际，确定发展方向，坚定"旅游＋"发展产业，促进农户增收。

2. 建设旅游康养胜地

围绕"生态宜居"，建设旅游康养胜地。牢记习近平总书记"绿水青山就是金山银山"的嘱托，紧紧依靠群众保护好东风湖的水质，保护好化屋村的良好生态，真正把化屋村的绿水青山转变为金山银山。

3. 建设安居乐业的福地

围绕"乡风文明"，建设安居乐业的福地。依托新时代文明实践站、开展讲习活动，坚持以学修德，不断夯实群众明大德的基础、守公德的底线、严私德的根基，全力提升群众的道德境界。

4. 夯实基层治理体系

围绕"治理有效"，夯实基层治理体系建设。选优配强村"两委"班子成员，壮大党员队伍和提升党员素质，深入开展宣传教育，提升村民的法治意识，引导群众依法依规办事，提高乡村治理水平。

5. 完善基础设施建设

围绕"生活富裕"，推动社会事业发展。完善基础设施建设，实施道路两侧绿化亮化美化工程，建成"数字乡村"管理平台，全面落实各项惠农政策，优化返乡农民工创业环境，着力推进民生事业。

四、主要经验与典型做法

（一）主要经验

团结一心，攻坚克难。化屋村村委加强政治学习，勇于探索，结合《国务院关于支持贵州在新时代西部大开发上闯新路的意见》（国发〔2022〕2号）和习近平总书记在贵州视察时的重要讲话精神，增强凝聚力，同心同德，着力解决人民增收难问题，通过挖掘民族文化、编排民族舞蹈等，努力寻找致富途径。

（二）典型做法

规划指引，坚定方向

2021年7月，贵州大学勘察设计研究院规划设计团队根据化屋村"乌江源头话改革·化屋山水兴苗乡"发展点位，对照"产业兴旺、生态宜居、乡风文明、治理有效、生活富裕"20字总要求，围绕"四新"抓"四化"，高质量实施"五大工程"，紧扣"特色、田园、乡村"3个关键词，有针对性地破解一系列难题、采取一系列过硬措施，在攻坚克难中纵深推进乡村振兴，实现生态优、村庄美、产业特、农户富、集体强、乡风好的建设目标；以旅游为主导产业，探索"旅游＋精品农业""旅游＋手工业"等的一二三产融合发展之路，以乌江生态环境保护为前提，以苗族文化传承为内涵，以山水田园和乡村生活为载体，打造集乡村民宿、山水观光、文化体验、改革研学于一体的山水苗乡民俗村、改革脱贫研学村，建设承载田园乡愁、体现现代文明的特色田园乡村。2021 年年底，化屋村村庄规划和产业规划及试点创建工作方案通过省、市、县三级审定形成。2022 年，村委会按照规划指引，坚定发展"旅游＋N"产业：一是"旅游＋精品水果"，二是"旅游＋小黄姜"，三是"旅游＋文化"，四是"旅游＋美食"等，促进农民增收。

五、对 策 建 议

1. 强化基层建设，建强战斗堡垒

引进管理、技术等人才，选优配强村"两委"班子，充实了村党支部力量。按照"三不变、三统一、三独立"的模式（"三不变"——行政区域不变、村民自治主体不变、集体资产产权不变；"三统一"——统一规划、统一部署、统一落实；"三独立"——独立建账、独立核算、独立管理），组建以发展联村产业为主的化屋、仁慕、东风、群益村联村党委，探索完善产业发展机制。

2. 优化产业结构，推进产业升级

锚定旅游产业化这一目标，推进观光农业、特色种养、特色加工、苗绣蜡染、旅游服务等产业持续发展。大力发展黄粑、矿泉水、食用菌、小黄姜、红托竹荪等产业，拓展增收渠道。

3. 强化乡村治理，建设美丽乡村

推进村民自治建设，建立完善村规民约；推进"数字化屋"建设，探索群众积分线上管理模式；加强生态环境保护，实施分散污水收排治理；强化湖面管理，保障水源清洁；开展环境卫生综合整治，保障环境卫生；强化文明形象维护，守护淳朴乡风民风，维护化屋村旅游形象。

调研报告九
紫云县板当镇硐口村特色产业调研报告

一、引　　言

硐口村位于贵州省安顺市紫云苗族布依族自治县板当镇境内。硐口村这个拥有833户3757人、安居乐业的幸福家园，过去也面临着和许多传统农业村一样的发展无路、增收无门的窘迫境地，守着肥田沃土，苦于缺乏特色产业支撑，青壮年劳动力大量外流，田园一度荒芜。

随着蓝莓等优势产业落户，历经开发式扶贫、精准扶贫阶段，再到现在大踏步迈向乡村振兴，硐口村聚民心、强产业、富民生，跑出乡村振兴加速度。无数硐口人见证了当地从环境差到美如画、从温饱难到产业兴、从缺动力到干劲足的深刻嬗变。

麻山腹地，绽放新颜。硐口人在家乡土地上描绘了一幅产业兴旺、生态宜居、乡风文明的画卷，村风民俗显著改变、文化生活更加充实、生活环境彻底改善，日子美、环境靓、产业兴的样板村在贵州大地希望的田野上展现美丽风姿。

二、主要特征与现状分析

（一）主要特征

1. 区域分布

硐口村隶属于贵州省安顺市紫云苗族布依族自治县板当镇。

2. 基础条件与优势潜力

1）地域交通

硐口村交通便利，距板当镇12千米，距资源县城23千米，距紫云北收费站10千米，距4A级景区格凸河风景区56千米。

2）土地资源

硐口村总面积 11.68 平方千米（17 520 亩），现有耕地 6 434 亩，山地 5 012 亩，林果地 5 984 亩。

3）基础设施

硐口村通村公路为柏油路，村内主要路面为水泥路，村内设路灯，现有百货店 3 个、卫生室 1 个、药店 1 个、体育场 3 个、老年活动中心 3 个、幼儿园 1 个。村内主要生活用水为自来水。

4）人口结构

硐口村总户数为 833 户，总人口 3 757 人，外出务工 537 人，农业劳动力 1 008 人，常住人口 2 134 人（其中 16～60 岁 1 756 人，占常住人口比例为 82.29%）。

（二）现状分析

1. 产业发展状况

硐口村主导产业为蓝莓产业，村"两委"通过请专家调研、组织村干部和村民代表外出参观考察等方式，谋定"种养结合、农旅共进"的产业发展思路，以蓝莓产业为核心，以高端化、集约化、规模化、绿色化、数智化、融合化发展为主要目标，以观光采摘、生态旅游、文化体验为主要形式，竭尽全力把硐口村打造成"中国蓝莓第一村"，以产业兴旺推动全村各项事业发展。

硐口村围绕蓝莓产业，不仅有生态蓝莓基地 1 万亩，而且村中房前屋后、村居墙壁上都绘制着蓝莓田园图画，路灯都为蓝莓造型，村里还修建了蓝莓科普体验馆。一个以蓝莓为主要构建元素的特色田园乡村正在逐步形成，目前每年接待游客约 5 000 人次。

硐口村已建成规模 45 亩的生态鸡养殖大棚共 10 个，由村合作社作为基础设施入股安顺立华牧业有限公司进行养殖合作，每个养殖户承包 2 个鸡舍，年收入 20 万元左右。另外，安顺立华牧业有限公司按 1 元/羽固定每年给村合作社入股分红资金 30 余万元，每户每年可分红 1 200 元。

硐口村农户参与合作社的有 116 户，新型经营主体有 4 个，农产品品牌有翠河绿芽 1 个。该村特色农产品主要在省内销售，同时也有网络销售渠道。

2. 生态环境状况

硐口村村庄绿化覆盖率达 65%，100% 实现自来水入户和畜禽粪污综合处理，厕所改造户数为 100 户。村内公共区域卫生由农户自觉轮流打扫，垃圾桶较多，能满足农户需求。本村垃圾每 3 天一次转运到城镇统一处理，每户每年自愿缴纳 120 元垃圾处理费。

村内所有道路都铺设为水泥路，每户庭院推进石板硬化。干净整洁的通村路两侧是蓝莓卡通文化特色的太阳能路灯，每家每户门前木栅栏内种满了各种绿植、绿色蔬菜或蓝莓幼苗，形成了微菜园、微田园。

3. 乡村治理状况

硐口村共有中共党员 50 人，村党组织书记兼任村委会主任，本村有村规民约，成立了村民理事会。农户对本村乡村治理非常满意。

4. 乡村文明状况

硐口村在推动农村人居环境整治的同时，也注重大力挖掘乡土文化。在老支书于培毛的老屋基础上，改建成村史馆。以村史馆建设为载体，硐口村对乡村文化的挖掘不断引向深入。

5. 生活水平状况

硐口村年村集体收入 100 万元，农户年人均纯收入 2.1 万元，新型农村合作医疗参合户数为 802 户，农村养老保险参保户数为 727 户，购买农业保险参保户数为 731 户，人均年用电费用 200 元。村里每户均已实现联网，包括移动、联通、电信和广播电视均能满足村民的娱乐需求，使用有线电视家庭户数为 517 户，使用宽带家庭户数为 212 户，使用智能手机户数为 833 户，拥有私家车户数为 510 户。农户对生活水平状况都比较满意。

三、存在问题与解决路径

（一）存在问题

1. 乡村建设的工程体系不完善

目前，硐口村进行的工程主要是地面工程，正在进行村内石板小路铺设、民房升级改造等建设，对地下污水设施建设关注度不够。另外，村内的道路修建得比较窄，而且村中没有专用停车场，随着村中私家车数量越来越多，可能会造成乱停车和拥堵等现象。在今后发展旅游过程中，随着接待人数增多，势必会带来一系列问题。

2. 农业旅游产业体系不完善

硐口村践行新发展理念，拟将蓝莓产业作为推进村中旅游、助力乡村振兴的"绿色引擎"，高度重视产业发展，但是目前本村尚处于路面、房屋改造阶段，从整体来看，住宿接待档次普遍偏低，民宿发展尚处于起步阶段。

（二）解决路径

1. 强化组织领导，激发群众积极性

硐口村目前有党员 50 名，应发挥村党组织的领导作用，发挥党员的模范带头作用，把人民群众的利益维护好；加强村干部廉政建设，凡是涉及群众切身利益的事项，全部实行集体决策，进一步提高决策的科学性。坚持党务、政务、财务公开工作

经常化、制度化、规范化，密切干群关系，提高基层党组织的群众威信，更好地凝聚人心、动员群众，激发调动群众在实施乡村振兴中的积极性和主动性。

2. 做强蓝莓产业，加速乡村振兴

目前，硐口村万亩蓝莓基地已基本建成，种植户有 102 户，每年接待旅游人数约 5 000 人次。应继续做大做强蓝莓产业，延伸产业链，聚焦高质量发展目标，深度分析发展现状，加强民宿产业规划布局，制订民宿管理办法，盘活村内闲置村居，引进社会资本，大力发展乡村旅游，推动一二三产业融合发展，带动更多的村民增收。

3. 加大基础设施建设

硐口村在改造建设过程中，应制订长远发展规划，努力建设游客接待中心、土特产市场、旅游公厕、停车场及旅游标识等基础设施。同时，在大力发展乡村旅游时，还应注重文明传承、文化延续，持续挖掘蓝莓产业文化、红色文化、布依文化内涵，通过文化熏陶营造长效的浓厚文化氛围。

四、主要经验与典型做法

(一)主要经验

在推进乡村振兴过程中，硐口村将特色田园乡村建设作为重要抓手，以打造"中国蓝莓第一村"为总体建设思路，在提升自然生态、优化田园风貌、完善公共服务体系的基础上，保护生态肌理和乡土气息。紧扣"特色""田园""乡村"3 个关键词，立足乡土社会、地域特色、田园乡愁、乡风文明 4 个出发点，努力用田园风光留住乡村诗意，令乡村逐渐成为诗意的栖居地。

(二)典型做法

1. 推进村庄环境整治

在硐口村党组织充分动员、带动下，全村村民自发参与人居环境卫生整治，对沟塘水污、飞线乱线、乱搭乱建、环境卫生等开展集中整治，村容村貌焕然一新。越来越宜居的环境，越来越美丽的家乡，增强了村民们的幸福感，也激发了村民们的创建参与热情。大家齐动手、家家共参与，共同建设"美丽庭院"。于是，一个以"蓝莓"为主要构建元素的特色田园乡村初步展现。

2. 发展生态绿色产业

万亩蓝莓基地，在种植蓝莓之前是一片荒山，脱贫攻坚期间，板当镇统筹规划，以荒山变为经济林、经果林为目标，打造万亩蓝莓园。于是，昔日沉寂的荒山荒坡变成了绿色蓝莓园，美了环境也富了农民。自硐口村发展蓝莓产业以来，栽种与采收季节，基地日用工量在 200 人左右，每年支付的产业劳务费达上百万元。村民不仅可以获得土地流转费、务工收入，还带动了板当镇和猫营镇的不少村民通过就近就业增收。

不止如此，在发展蓝莓种植的基础上，村里还依托万亩蓝莓园引进宜博经贸有限公司建成贵州百灵 3 000 吨蓝莓加工厂，主要生产蓝莓果干、蓝莓酒、蓝莓饮料以及提取花青素等，预计年销售产值达 5 000 万元，助力农民稳定增收。

3. 建设养殖基地

由村合作社作为基础设施入股安顺立华牧业有限公司进行养殖合作，硐口村建有鸡舍 10 个。此外，村民参与务工，有代养收入，一对夫妻可以代养两个鸡舍，年收入约 20 万元。

4. 推进乡村有效治理

在乡村治理方面，硐口村推动自治、德治、法治"三治融合"，努力打造乡村治理"硐口样板"。抓实"一中心一张网十联户"工作机制，创新推出"四员"机制，将联户长培养成矛盾纠纷排查员、政策法规宣讲员、组织群众发动员、环境整治示范员，打通基层社会治理中的"神经末梢"。

硐口村在推动农村人居环境整治的同时，也注重大力挖掘乡土文化，倡导树立文明乡风，推进乡村有效治理。建设中的村史馆将成为一个文化载体，不仅能记录村史村貌，还能增强村民精神归属感。该村深入实施村级乡村治理"五星"示范评选，开展星级文明户评选并授牌 180 户，修订完善村规民约，引导群众移风易俗、孝老爱亲。搭建数字乡村平台，建立智能化指挥调度中心，在村组主要路段、联户长庭院、产业地安装公共安全视频监控探头 52 个、产业监控探头 4 个、喇叭 52 个，通过手机 App 可实现问题隐患随手拍、信息动态随时采、矛盾隐患随手报、政策法规随时宣，在试点创建、法治宣传、疫情防控、矛盾纠纷和安全隐患排查化解等方面起到了重要作用。

五、对策建议

1. 党建引领谋发展

抢抓特色田园乡村·乡村振兴集成示范试点建设机遇，紧扣"特色""田园""乡村" 3 个关键词，立足乡土社会、地域特色、田园乡愁、乡风文明 4 个出发点，广泛征求广大人民群众、党员干部意见，组织召开党员大会、村民大会，不断完善试点创建村庄、产业规划方案，推行"党建＋大数据＋产业振兴"发展模式，着力打造以产业发展、观光采摘、生态旅游、文化体验为主要形式的蓝莓示范基地。同时，继续加大培育家庭农场生态鸡养殖，带动薏苡、食用菌等一批农业产业发展。

2. 聚焦重点强产业

继续坚持把做强特色产业作为硐口村振兴的首要任务，突出蓝莓种植和家庭农场生态鸡养殖两大支柱产业。推进建设生态蓝莓观光旅游园，衍生蓝莓盆栽、蓝莓果干、蓝莓酒、蓝莓饮料等蓝莓加工产业链。依托立华牧业有限公司，继续推进采取"1220"养殖模式。该村在主导产业加大力度的同时，不忘耕地不能荒废，继续种植薏苡、食用菌、红心甘薯、辣椒等特色农作物，推动村集体经济高质量发展，实现村集体发展和农户增收共赢。

3. 数字治理见成效

在村组主要路段、联户长庭院、产业地安装公共安全视频监控探头、产业监控探头，加大产业发展监测和安全隐患排查化解力度，深入开展村庄环境综合整治，为产业发展和农户安全提供持续保障。

农村现代化发展的进程中，越来越多的技术被应用到实际中，如农业数字化发展、治理数字化发展、农村信息技术发展及机械设备的使用等，起到了重要作用。硐口村继续完善现有数字乡村平台，建立智能化指挥调度中心，加强宣传学习，让城市的教育、医疗等公共资源渐渐流入乡村，提升农户的安全感和幸福感。

适度发展电商及农村带货等新型销售渠道，让农户的利润更加可观，带动农村集体经济的发展，也让农民们赚到更多的钱，增加大家的积极性。

调研报告十
花溪区黔陶乡骑龙村特色产业调研报告

一、引　　言

　　课题组通过现场走访、交流座谈、问卷调查等方式对花溪区黔陶乡骑龙村开展调研，梳理总结该村发挥交通便利的优势，促进传统产业提质增效、培育壮大特色高效产业的基本思路与主要做法，破解山区特色乡村产业培育的问题，为贵州乃至西南山区乡村全面振兴提供参考借鉴。

二、主要特征与现状分析

（一）主要特征

1. 区域分布

　　骑龙村位于贵阳市花溪区黔陶乡南部，距乡政府所在地 3 千米，距花溪区 20 千米，交通便捷。骑龙村东抵马场村、半坡村，南抵惠水县大坝乡，西抵青岩镇思潜村、摆早村，北抵赵司村。

2. 基础条件和优势潜力

1）地域交通

　　骑龙村位于黔陶乡南部，距乡政府所在地 3 千米，距花溪区 20 千米，距青岩古镇 10 千米，交通便捷。

2）土地资源

　　骑龙村总面积为 17 平方千米（25 500 亩），耕地面积为 1 850 亩。

3）基础设施

　　骑龙村农田基础条件好，水资源丰富，有赵司河穿过，土层深厚、土质肥沃，以沙性土壤为主，水土背景值检测均达无公害基准。全村以种植调料类蔬菜为主，并形成了一定的规模，成为贵阳市调料类蔬菜的供应基地。骑龙村农民收入以种植业收入为主，为无公害蔬菜种植创造了良好的条件。

4）人口结构

骑龙村下设 6 个村民组，包括 5 个自然村寨，全村共有 517 户 2 251 人，以苗族为主。

（二）现状分析

1. 产业发展状况

骑龙村交通便利，农田基础设施完备，水源灌溉方便，十分适宜蔬菜种植。近年来，骑龙村及邻近村社马场村、赵司村共形成连片坝区，规模化发展，形成香葱 3 000 亩、大蒜 1 200 亩、生姜 1 500 亩、绿叶蔬菜 1 000 亩的种植规模。

2. 生态环境状况

骑龙村平均海拔 1 030 米，年平均气温 15.5℃，年无霜期 285 天，年均日照数为 1 300 小时，年均降水量 1 177.7 毫米，属典型亚热带季风湿润气候，四季分明，冬暖夏凉。

3. 乡村治理状况

骑龙村人文气息浓厚，是清初著名学者、诗人周渔璜的故乡，并与清代状元赵以炯有着很多的关联。村内有贵阳市文物保护单位桐埜书屋、周渔璜故居，有至今保存和发展较好的赵司贡茶茶园，是典型的特色文化村寨。

4. 乡村文明状况

骑龙村统筹人居环境、农村污水等项目资金，对全村基础环境进行提升打造，先后完成了生活污水处理、文化广场、文体设施、寨内道路等项目，因地制宜开展了风貌改造，对村庄进行了净化、绿化、美化。

5. 生活水平状况

骑龙村主要发展香葱等特色蔬菜产业，同时发展水稻、茶叶等产业，村民通过发展特色餐饮、农家乐等增加收入。近年来，村民收入持续增多。特别是易地扶贫搬迁新村——罗依新寨，人均收入达 2 万元，是 1995 年搬迁以前收入的 90 倍。

三、存在问题与解决路径

（一）存在问题

1. 缺乏农业技术人才，产业培育难度大

骑龙村距花溪区城区 24 千米，距贵阳市主城区 50 千米。便利的交通条件吸引了

大量青壮年到城区就业。乡级农业技术服务中心有编制人员 5 人,在岗的技术人员仅 1 人。村级缺乏植保技术人员。全村外出务工人员占适龄劳动力的 85％以上,缺乏致富能手、种养大户。大学毕业后返乡创业的大学生占比不到 2％。缺乏专业化经营服务组织、经营主体和主导产业,导致产业规模小、品牌引领缺乏、深加工能力不足、产业链不长、附加值不高等问题。

2. 产业不强不优,产业链不长

骑龙村农业产业不丰富,冬春季以香葱、生姜、大蒜、芫荽等调料类蔬菜产业为主,夏秋季以水稻产业为主。农产品的综合利用率不高,农业综合效益低,全年农田平均亩产值约 8 000 元,农民种地积极性不高。

3. 主导产业不突出,缺乏品牌支撑

骑龙村产业涵盖了蔬菜、水稻、茶叶、生猪、家禽等,但产业效率不高。因菜农在田间管理技术上存在差异,蔬菜产量和亩产值悬殊。例如,香葱单季亩平均产值约 4 500 元,但收益最高的可达 9 000 元,最低约 3 000 元。另外,蔬菜等农产品缺乏品牌,蔬菜主要销入当地蔬菜批发市场,难以进入大型商家和超市,"好菜难卖好价钱"。

4. 医疗条件落后

骑龙村村内无卫生室,村民看病还是集中去镇或区级医疗机构,看病难是村民生活中的主要问题。

(二)解决路径

1. 汇农业人才,推动特色产业发展

针对农业产业发展缺乏实用人才、产业发展难的现状,包括蔬菜栽培、绿色防控、农产品加工、畜牧养殖、农村电商等在内的各方面均缺乏人才和技术,应鼓励贵州省农业科技人员积极参与全省创新创业行动,为农民、种养大户开展实用技术的培训。

2. 延长产业链,创新产业发展模式

骑龙村现有耕地面积 1 850 亩,涉及香葱、生姜、芫荽、辣椒等调料类蔬菜、小白菜等十字花科蔬菜。尽管农户认真种菜,蔬菜销路也不愁,但在蔬菜品牌打造、市场对接方面还存在不足。骑龙村引进蔬菜种植企业和一批专业合作社,依托贵州大学植物保护学科团队,在贵州省、市、区植保植检站帮助下,在骑龙村、马场村、赵司村的连片坝区启动了"蔬菜全生育期协同控害增效技术"示范项目,全村机械化率提高至 95％,病虫害总体防效达 85％,蔬菜无农残超标。通过引进蔬菜种植企业,实现蔬菜就地清洁、分装、冷藏,大大减少了蔬菜尾菜的浪费。蔬菜综合利用率由过去不到 65％提高至 80％。通过引进电商,培训电商人才,开展数字乡村建设,利用农村数据政务平台,推动蔬菜快速进入超市、社区,蔬菜无一单滞销的情况发生,菜农积极性得到大幅提升。

3. 促三产融合，多业态协同共发展

当前，骑龙村的产业结构不优，农民致富增收的途径不多。考虑到骑龙村人文文化氛围浓厚、交通便利，非常适宜发展二产和三产，贵州大学师生通过创新实施"揭榜挂帅"项目，充分发掘骑龙村的乡风文化和历史文明潜力，围绕传统文化，将产业拓展到品茶读史、农耕研学、乡村旅游、康养生活、民俗休闲等业态。例如，骑龙村发展林下食用菌产业，做活野生菌特色餐饮，并发展民俗庭院经济，全村有 30% 村民参与到特色餐饮和民俗产业中，村民人均年收入达 1.35 万元。一二三产业融合发展模式切实解决了村民收入问题，形成全村广泛参与的人才振兴新格局，探索出一条"乡土文化＋三产融合发展"的乡村振兴新路径。

4. 加大农业基础设施建设政策、资金支持力度

农业设施建设是推进乡村振兴的重要基础，事关经济社会发展大局。要围绕高标准农田建设，通过多种渠道筹措资金，扩大当前农业农村基础设施建设投资，增加农业农村基础设施建设的投资规模，提高建设质量与设施水平，增强农业农村经济的竞争力。

四、主要经验与典型做法

（一）主要经验

骑龙村抢抓"强省会"行动战略机遇，发挥乡村振兴"三农"工作总指挥棒的作用，用乡村振兴统揽"三农"工作，巩固了脱贫攻坚成果，稳定了发展粮食生产、促进了乡村宜居宜业，锻炼和培养了高素质农民队伍，全力开创了黔陶"三农"工作新局面。

（二）典型做法

1. 紧盯产业发展，巩固拓展脱贫攻坚成果

聚焦"两不愁三保障"，强化防返贫监测预警和帮扶机制，重点对全乡 47 户 130 名建档立卡脱贫户以及 93 条预警线索进行实地走访、逐户排查研判。推进特色产业提档升级，大力发展香葱、茶叶、水果等特色农产品产业，打造"赵司贡茶""黔陶香"香葱，"花小莓"草莓等一批优质农产品品牌，延伸产业链条，增强"造血功能"，坚决稳住脱贫成果，夯实"三农"工作基础。

2. 紧盯耕地保护，稳定发展粮食生产

手中有粮，心中不慌。该村按照"稳粮、保供、优种、活市、联工"要求，把粮食生产摆在重中之重的位置，严格落实耕地保护制度；全面完成撂荒地整治；将省级

500 亩以上坝区与高标准农田建设结合，努力把坝区培育成为农业现代化的样板田、科技田、效益田，守住"三农"战略后院。

3. 紧盯民生需求，推进乡村宜居宜业

持续推进农村"五治"，启动农房确权登记制度，编制村庄规划，实施农房风貌整治，盘活闲置农房资源；坚持农村饮用水、生活污水、黑臭水体"三水同治"；聚焦垃圾分类，用五点减量法推进村庄外运垃圾减量；坚决打好旱厕无厕歼灭战；全面成立红白理事会，修订村规民约，创新有民族特色的宣传方式，大力提倡"婚事新办、丧事简办、其他不办"的文明新风。

4. 紧盯人才建设，激活"三农"发展动力

为留住本土人才，统筹推进农业农村各类人才队伍建设，为本土人才提供平台、资金、技术等"硬支撑"，组织开展农技培训，落实务实管用的人才优惠政策，打造组织关怀、群众支持的"软环境"。为引来乡外人才，立足本地发展需求，缺什么引什么，用什么招什么，结合花溪高校资源，打造一支懂农业、爱农村、爱农民的新型农民队伍，为"三农"激活动力。目前，骑龙村通过农业人才孵化基地培育后备干部、"土专家"、"田秀才"等 50 余人。

五、对 策 建 议

1. 人才是推动乡村振兴的首要条件

人才是乡村振兴的第一资源，坚持把引进人才与培养人才进行通盘谋划，将留住人才与发挥人才效能进行统筹考虑，通过人才振兴为乡村全面振兴提供有力支撑。一是挖掘本土人才。目前，在乡村发展中，存在对实践中成长起来的实用型人才、技能型人才的重视不够的问题，导致这部分人才得不到重用。要加强对乡村人才的全面调查，将种养殖能手、返乡创业者、致富带头人、能工巧匠等登记入册，合理利用，充分发挥本土人才在全面推进乡村振兴中的作用。二是培育技能人才。当前，农村发展缺少新兴产业专业人才。针对这一问题，可以结合乡村产业发展需求，针对性制定人才培养计划，通过开设周末讲堂、农民夜校、网络在线教育、"新农人"培训班，加入"头雁"计划等方式，将农村打造成为孵化人才的基地，实现传统农民向现代农民的转变，把越来越多的农民培养成素质高、能力强、懂发展的乡村人才，将本土人才打造成为现代化农业农村建设的主力军，增强乡村发展动力。三是引进优质人才。长期以来，乡村优质人才持续外流、人才结构失衡，乡村人才总体发展水平与乡村振兴的要求存在一定差距。针对这一问题，可以根据乡村产业发展需要，积极搭建返乡创业平台，因地制宜地为返乡人才创造良好的就业和创业环境，并积极营造爱才敬才的社会环境，吸引大批懂技术、懂市场、懂农业的实用人才投入乡村振兴的伟大事业中，为全面推进乡村振兴提供坚实的人才支撑。

2. 产业是实现乡村振兴的重要路径

产业兴旺是乡村振兴的前提基础。产业振兴是乡村振兴的重中之重，立足地方特色资源，关注市场需求，发展特色优势产业，通过"一村一品"，精准发力，促进一二三产业融合发展，更多更好惠及农村和农民。要坚定发展特色优势产业是实施乡村振兴战略、加快农业农村现代化的重要路径。同时，扎实做好"三农"工作，以促进农民就业增收为重点，强化乡村发展的产业支撑，全面推进乡村振兴，让广大农民共享现代化发展成果。

3. 因地制宜利用当地资源助力乡村振兴

乡村特色产业是巩固脱贫攻坚成果的重要支撑。推动乡村产业振兴，认清区位优势十分重要。要科学把握差异性，注重地域特色，深入挖掘资源禀赋，突出抓好农产品加工，确保品质、打出品牌，让农民获得更多增值收益；同时，还要推动乡村产业融合发展，做到一二三产业融合，延长产业链、价值链，着力打造"一村一品、一县一业"发展新格局。

调研报告十一
剑河县南明镇河口村特色产业调研报告

一、引 言

河口村位于贵州省黔东南州剑河县南明镇西部，地处剑河、天柱和三穗三县交壤之地，平均海拔 460 米，总面积 3.27 平方千米（4 905 亩），属四面环山盆地结构。2020 年退出贫困村序列。

课题组通过现场走访、交流座谈、问卷调查等方式对该村推进乡村振兴集成示范试点开展调研，梳理总结该村发扬黔东南地区"稻＋"模式，促进传统产业提质增效，培育壮大特色高效产业的基本思路与主要做法，破解民族山区农村产业培育的难题，为贵州乃至西南山区乡村全面振兴提供参考借鉴。

二、主要特征与现状分析

(一)主要特征

1. 区域分布

河口村位于贵州省黔东南州剑河县南明镇西部，地处剑河、天柱和三穗三县交壤之地。

2. 基础条件与优势潜力

1) 地域交通

河口村村委会距镇政府所在地 3 千米，距三黎高速桐林站 30 千米，距沪昆高铁三穗站 60 千米，距剑河县城 90 千米。

2) 土地资源

河口村总耕地面积为 704 亩，其中稻田为 345 亩。

3）基础设施

河口村农田防洪排灌和交通基础设施薄弱，高标准农田占该村稻田总面积不足30％。种植模式依赖露地种植，稻田冬季闲置率高达65％。

4）人口结构

河口村全村共设 16 个村民组，总户数 234 户，人口 1 030 余人。人口以侗族、苗族为主。

（二）现状分析

1. 产业发展状况

河口村产业涵盖了水稻、玉米、大豆、马铃薯、食用菌、蜜桃、金秋梨、柑橘、生猪、家禽等产业，但产业规模不大，没有品牌支撑，效益不高。例如，户均稻田面积约为 3 亩，每年稻谷产量不到 1 500 千克，稻谷产值不到 3 600 元，稻田鱼和鸭产值不到 1 000 元（鱼 800 元＋鸭 200 元）。水果单品种种植面积均不超过 15％坡地面积。

2. 生态环境状况

河口村属典型的喀斯特地貌。年均气温 27.3℃，年均降水量 95 毫米。河口村生态植被完好，森林覆盖率达 70％，主要植被有常绿阔叶林、针叶阔叶林、针叶林等。

3. 乡村治理状况

河口村基本公共服务不断完善，人民群众的生活条件进一步提高。全村已实现家家户户通硬化串户路的目标。为加快推进公共设施向农村延伸、基本公共服务向农村覆盖，实现宽带光纤、4G 网络、动力电全覆盖，河口村建成村级文体广场，实施"广电云"村村通，开办村级幼儿园；在饮水安全方面，河口村对损毁的管网、高位水池、水井进行维修和新建，解决了全村饮水安全问题；在人居环境整治方面，新建公厕，建成污水处理厂 1 座，建成垃圾中转站 1 个，全村覆盖垃圾箱；实施人畜混居整治、厕所革命整治，拆除影响村庄风貌的老旧房屋和猪牛圈，农村人居环境得到不断改善。

4. 乡村文明状况

河口村"两委"创新基层治理新模式，推行河口村村民贡献积分管理制度。通过民主程序，将乡村治理各项事务转化为量化指标，设定了乡风文明、治理有效、生活富裕和特殊贡献等 5 类积分内容，1 积分可兑换价值 1 元人民币商品，按季度评议，公示备案，以此激发村民共同参与乡风文明建设的积极性，形成党员群众共建乡村文明的新风尚。河口村的"村民贡献积分管理制度"在文明实践和乡村治理中发挥出积极作用。

5. 生活水平状况

河口村通过就业宣传推荐、开展劳动技能培训、举行招聘会等方式鼓励劳动力外出务工。为贫困家庭劳动力申请一次性求职创业补贴，给贫困劳动力发放驾照补贴，开发农村公益性岗位，成功解决"零就业"家庭和残疾人员等就业困难人员的就业难题，为困难群众增收创新渠道，全村生活水平得到提升。同时，由河口村、岑戈村、永兴村连接形成的南明大坝，通过发展集体经济，吸引村民务工，每月人均收入增加约 1 500 元。

三、存在问题与解决路径

(一)存在问题

1. 农田设施条件差，农业综合产值低

河口村距离三县县城均较远，道路交通行驶时间长达 2 小时左右，农产品运输成本高至 300～500 元/吨。农田防洪排灌和交通基础设施薄弱，高标准农田占该村稻田总面积不足 30％。种植模式依赖露地种植，农业用工成本高，农田综合效率低，稻田冬季闲置率高达 65％；农机装备少，农机化率不足 20％，低于全国平均水平约 50 个百分点。

2. 种地积极性不强，缺乏全产业链支持

河口村土壤相对贫瘠、耕作相对粗放，农业综合效益低，亩产值不到 1 800 元，农民种地积极性不高。全村外出务工人员占适龄劳动力的 80％以上，全村没有致富能手、种养大户。缺乏专业化经营服务组织、经营主体和主导产业，导致产业规模小、品牌引领缺乏、深加工能力不足、产业链不长、附加值不高等问题。

3. 主导产业不突出，缺乏品牌支撑

河口村产业涵盖了水稻、玉米、大豆、马铃薯、食用菌、蜜桃、金秋梨、柑橘、生猪、家禽、桑蚕等产业，但产业规模不大。例如，户均稻田面积约 3 亩地，年稻谷产量不到 1 500 千克，稻谷产值不到 4 800 元，稻田鱼和鸭产值不到 1 000 元（鱼 800 元＋鸭 200 元）。水果单品种植面积均不超过坡地面积 15％。

在各级党委、政府的支持指导以及贵州大学、贵州省农业农村厅等帮助下，河口村村"两委"广泛发动群众，研究土地管理机制和创新产业发展模式，大力挖掘并培育内生动力，通过产业兴旺全面带动人才振兴、文化振兴、生态振兴、组织振兴，着力破解产业培育难题，在 3 个方面改革创新，取得实效。

(二)解决路径

1. 加强农业基础设施建设

农业基础设施包括高标准农田及农田水利设施、设施农业、农产品仓储保鲜冷链物流设施等。通过实施灌排设施提升工程、宜机化改造工程，在一定程度上解决田块

小而散、排灌能力差、机耕率低、农作物收割困难等突出问题，农田基础设施得到明显改善。

2. 完善惠农政策，推进农村一二三产业融合发展

完善惠农政策，调动农户种地的积极性，提升粮食生产引导力。贯彻落实发展新理念，适应引领经济新常态，加快推进农村一二三产业融合发展，以结构性改革强农惠农，既是加快转变农业发展方式、拓宽农民增收渠道的重要举措，也是促进农业现代化与新型城镇化相衔接、加快推进城乡发展一体化的有效途径。

3. 选产业，创品牌，造声势

因地制宜"选产业"。按照"有基础、有优势、有潜力、能成长"产业发展定位，河口村成功探索出了有效提升传统产业经济效益的途径。创建优势品牌，建立网络品牌宣传渠道，提升产品口碑及质量，利用媒体宣传造势来提升品牌影响力。

四、主要经验与典型做法

（一）主要经验

河口村采取"党建＋合作社＋公司＋农户"经营模式，以贵州山至金生态农业有限公司为经营管理主体，推广"稻＋"试验示范项目450亩，组织稻米生产、加工和销售，创新"线上订、线下管""春播交定金、秋后寄新米"等共享稻田的经营新模式。基地通过稻田生态工程产出的优质稻比普通稻米每千克高出6～10元。通过全村"稻＋"的产业培育，找准产业发展定位，通过村民、村集体和企业齐心协力谋发展，形成特色稻螺、特色稻鳝等水产品种，发展400余亩精品黄桃、金秋梨、大血藤、杨梅、板栗、柑橘等水果产业，以水稻、水产、水果为象征的"三水"产业逐步成型，并积极向品牌转化。通过"蟹田稻米"等地方特色稻米品牌的创建和区域公共品牌的运作、2家专业合作社的培育、1家黔东南特色稻田农耕文化餐饮店和1家民俗酒店的建设，形成1拖10的民俗酒店＋乡宿庭院的发展格局，为村民提供50余个就业岗位，形成全村广泛参与的人才振兴新格局，探索出一条"乡土人才培养＋产业品牌培育"的乡村振兴新路径。

（二）典型做法

1. 统筹利用土地资源

探索将土地有偿托管给村集体，村集体、农户和企业共同制定高标准农田的标准，并托管给企业管理，由企业统一改造，为农业产业的规模生产和统筹经营奠定了基础，破解了土地联产承包责任制下规模生产的系列问题。同时以利益分配为纽带，将村集体、企业、农户联结在一起，完全不同于土地流转后不管经营好坏，农户仅收益租金，村集体也不能发挥组织协调和服务作用的社会资本下乡的土地流转模式，有效解决了"谁来种地？谁会种地？谁愿种地？"的问题，为乡村振兴提供了新的经验。建议各地因地制宜根据产业需求，创新适合联产承包责任制下基于不同区域和不同特色的土地经营管理机制，加快为乡村产业发展提供长效保障机制，也为实施丘陵山地的农业现代化探索新的路径。

2. 创新全产业链发展模式

基于贵州黔东南山区传统稻田种养的资源禀赋，河口村利用当地水源地利条件，在传统水稻种植基础上发展形成了"稻蛙鱼螺鳝"等稻田综合种养模式，保障了粮食安全，提高了稻田综合产值，夯实了西南山区稻田文化底蕴，延长了产业链，做强了品牌链，提升了价值链，推动贵州民族山区村民走依靠产业致富的乡村振兴"稻"路。通过产业发展培育了致富能手、职业能人，实现人才振兴；通过稻田生态建设、农旅融合发展，弘扬西南山区稻＋非物质传统文化，保障农田生态环境，助力文化振兴和生态振兴。建议山区各地因地制宜，加快培育农业主导产业，重视种养循环，壮大特色产业，健全农业全产业链，通过产业发展推动乡村的全面振兴。

3. 创新农业品牌增值模式

传承贵州民族地区稻作文化，打造地方特色稻米品牌，稻米单价得以提升，稻米销售市场得以拓展。农民从过去种稻只为解决口粮问题转变为口粮与收入两不误、双促进、双提高。利用贵州民族地区得天独厚的水资源，依托龙头企业市场开发优势，河口村发展特色水产品牌，使稻田产值增加一倍以上；通过冬季牧草养殖发展了肉牛，创新"一田两用""一水两用""水旱两用"的品牌增值模式，使农民得到实惠，收入得到提高。

五、对 策 建 议

1. 创新机制强活力

以创新载体为切入点，建立完善党员联系和服务群众机制。以党建引领，发挥镇村干部、党员、网格员和志愿者这几类"施工员"的示范引领作用，既做指挥员又当战斗员。另外，建议各地因地制宜根据产业需求，创新适合联产承包责任制下基于不同区域和不同特色的土地经营管理机制，加快为乡村产业发展提供长效保障机制，也为实施丘陵山地的农业现代化探索新的路径。

2. 因地制宜，发展产业

产业兴旺是乡村振兴的重要基础。乡村产业振兴，认清区位优势十分重要。地理位置、生态环境、自然资源、交通设施、产业基础、劳动力、市场渠道等，都是重要的发展要素。找对发展路径，需要依托资源禀赋，因势利导，在产业发展方向上进行科学研判。实践证明，坚持因地制宜、科学规划、分类指导，一切从实际出发，才能真正让老百姓得实惠。建议山区各地因地制宜，加快培育农业主导产业，重视种养循环，壮大特色产业，健全农业全产业链，通过产业发展推动乡村的全面振兴。

3. 推进乡风文明，创建特色品牌

乡风文明是乡村振兴的灵魂。河口村不断加强能力作风建设，通过抓思想、抓环境、抓服务、抓活动，把培育好乡风贯穿文明村镇建设全过程，融入乡村振兴各方面，描绘出一幅处处是风景、满眼皆文明的昂扬画卷。建议各地根据自身资源禀赋，积极创新开发模式，弘扬地方文化，推进乡风文明，创建特色品牌，通过品牌推动山区产业兴旺，带动乡村的全面振兴。

调研报告十二
贞丰县龙场镇对门山村特色产业调研报告

一、引　　言

贞丰县龙场镇对门山村不断调整优化农业产业结构，立足当地资源禀赋和区位优势，大力发展特色产业，形成了以茶产业为主导的"一长一短两片叶"产业格局。2017年对门山村被评为贵州省少数民族特色村寨（布依族），2020年11月获评第六届全国文明村镇。如今，对门山村茶叶种植面积达4 500余亩，茶园种植的安吉白茶、黄茶，让荒山变得翠绿、金黄，也让村民摆脱了贫困。

二、主要特征与现状分析

（一）主要特征

1. 区域分布

对门山村位于贞丰县龙场镇西部，距县城约4千米，距惠兴高速出口仅5分钟路程。全村下设13个村民小组（9个自然村寨），共有650户2 861人，是一个汉族、布依族、苗族等民族聚居的村。

2. 基础条件与优势潜力

1) 地域交通

对门山村位于贞丰县龙场镇西部，与兴仁县接壤，距乡镇政府所在地3千米，惠兴高速缘村而过，5分钟可上高速，10分钟直达县城，地理交通优势较为突出。

2) 土地资源

对门山村面积6.2平方千米（9 300亩），耕地面积2 985.5亩（水田占1 815.6亩，旱地占1 169.9亩），茶叶种植面积4 500余亩，荒山地3 004.5亩，林地322.8亩。

3）基础设施

对门山村到县、到镇均已通柏油路，村内通村路、通组路、串户路等道路建设已全覆盖，路面质量良好。全村供电、供水、广播电视、光纤网络等设施已全部建成，移动信号、有线电视、卫星电视覆盖全村。已完善污水处理设施及雨污分流管网。现有规范化村级办公场所 1 处、卫生室 1 个，有村医 2 名。

4）人口结构

对门山村现有 620 户 2 873 人。其中，示范点对门山村上、下组共 118 户 522 人，常住人口 408 人，布依族 68 户 375 人，劳动力 289 人，长期外出务工 114 人。

（二）现状分析

1. 产业发展状况

对门山村紧扣农业产业结构调整"八要素"，以产业发展为核心，通过 6 年的时间，因地制宜建成长短相依的短平快蔬菜粮油产业与长线高附加值名优白茶、黄金芽产业"一长一短两片叶"（茶叶、蔬菜）作为全村主导产业。

为了让茶农获得更好的市场收益和树立良好品牌形象，在中国工程院院士、贵州大学校长宋宝安教授的关心支持下，院士团队中的茶学专家及省茶叶专班长期定点扶持对门山村茶产业。浙江安吉茶叶协会的企业负责人到村里进行现场指导，传授炒茶制茶技艺，村里茶农自己炒出来的干茶黄金芽基地批发价为 1 720 元/千克，白茶价格为 876～1 560 元/千克，每亩地逐年丰产后能产干茶 10 千克左右，亩增收 7 000～12 000 元，户均增收 10 000 元以上。此外，对门山村注册了自己的茶叶商标"贞兮"并成立贵州贞兮茶业有限公司。贞兮白茶在 2021 年中国茶学会名茶评比中获评"四星名茶"。随后，又参加了世界茶联合会举办的第十三届国际名茶评比，在数百家企业送审参评的上千种茶样中，贞兮白茶获评金奖。2022 年 9 月，"贞兮茶业"获国家食品安全生产 SC 认证，大大提振了对门山村茶农百姓做好茶产业的士气和决心。百姓靠"绿水青山就是金山银山"的长线产业增收致富也不再是遥远的梦。

在千亩茶产业作为"一村一品"已经成为对门山村产业名片的同时，对门山村在光伏发电、养殖、种植等方面也获得重要发展。

一是村内自 2017 年以来建成两座占地 160 亩的光伏扶贫电站，每年可为村集体带来 27.5 万元的分红。

二是形成光伏电站＋蘑菇的立体农业模式，建成食用菌基地大棚 48 个，可为村中 20 多户建档立卡户提供就业务工收入和效益分红。

三是村合作社与富之源公司合建的年出栏 5 000 头生猪养殖场可覆盖建档立卡户 90 户，使其每年获得 12 万元以上的效益分红。

四是村合作社连片流转土地建设坝区并发展蔬菜产业，通过招商引进贵州柿纪红农业公司、永辉超市等企业开展产销对接，种植圣女果等蔬菜。

对门山村形成了"村前栽花，村后种茶；上有光伏，下有蘑菇；山后面还养了些鸡和猪"的多元立体化的产业，成为年轻人的创业园、妇女老人的就业园和孩子们成长的乐园，助力对门山村实现村集体经营性资产超千万、经营性收益超百万和农民人均收入超万元的"三超"大关，更成为支撑对门山村巩固脱贫成果、全面实现乡村振兴的强力助推器。

2. 生态环境状况

对门山村地势由南向北逐渐降低，海拔为 700~1 500 米，最高海拔为 1 433.5 米，最低海拔为 794.6 米。村年均气温 15.6℃，年降水量为 1 400 毫米，森林覆盖率为 14%。

3. 乡村治理状况

在六年时间里，对门山村连获国家级全国文明村、省级十佳美丽乡村、省级少数民族特色村寨、省级民主法治示范村和省级十佳美丽乡村（乡风文明）等十余项省级以上荣誉。

4. 乡村文明状况

对门山支部现有党员 41 人，乡村振兴工作队 9 人，其中，处级干部 1 人（贵州大学大数据学院党委副书记、驻对门山村第一书记，脱贫攻坚期间分别获得过省、州、县三级多类表彰），本科学历 1 人（州委组织选派部驻村干部、龙场镇联系村领导 1 名），镇派驻村干部 2 人，村常务干部 5 人（高中以上学历，平均年龄35.6 岁）。

5. 生活水平状况

对门山村现在已经建有 3 500 亩以上的高效生态有机茶叶，全村 70% 以上的农户都种上了高效益的黄金芽和白茶，实现亩增收 7 000~12 000 元，户均增收 10 000 元以上。

三、存在问题与解决路径

(一)存在问题

1. 农村基本经营制度落后，缺乏市场经济活力

农村基本经营制度是农业发展、农村繁荣、农民增收的制度保障。2017 年以前，对门山村在农地产权制度探索和农村经营组织培育上均显得不足，全村农业企业、合作社等经营主体少，企业、合作社及农户的合作成效不显著，社会化服务组织缺乏，基本经营制度停留在家庭承包经营为基础的基本制度上，集体组织活力弱，使得农民生产积极性不强。从全村来看，农业缺乏主导产业，没有特色农业知名品牌和有影响力的地方公共品牌，产业的市场竞争力弱，农村经济缺乏活力。

2. 农业和农村基础条件薄弱，脱贫攻坚和乡村振兴任务艰巨

2017 年以前，对门山村与大多数的西部农村一样，产业的基础设施薄弱，配套

设施缺乏。农田设施条件差，灌溉、物流运输等基础条件缺乏；农产品加工能力弱，农产品包装、冷藏、运输条件缺乏；农业生产投入高、农田综合产值低，产业链较短，循环经济模式缺乏；产业的规模化、标准化、集约化程度不够，村集体经济缺乏活力；群众自筹资金困难，财政投入资金有限，产业发展资金难以保障，产业培育难度大，导致青壮年劳动力外出务工多，本地常住人口少，脱贫攻坚和乡村振兴的困难多、任务重。

3. 农业主导产业不突出，缺乏品牌支撑

乡村振兴核心是发展主导产业。2016 年以前，对门山村产业涵盖了玉米、水稻、油菜、烤烟、花椒等传统低效作物产业，但产业规模散、小、弱，效益不突出。没有主导产业，"种地不赚钱"，农户传统种植辛苦一年下来七八百元钱的亩产收益还不够买一部低端智能手机，导致大部分人外出务工，全村没有支柱产业、致富带头人、产业能手和专业合作社，当时的对门山村是名副其实的"空心村""空壳村"。

(二)解决路径

1. 完善农村基本经营制度，夯实乡村振兴发展根基

充分挖掘和整合利用农村闲置和低效益的集体资源、吸纳农村集体成员闲散资金及社会资本、动员拥有技术和劳动能力的人员组建新型集体经济组织，通过盘活资产、延长链条、创新业态、丰富经营项目等途径，对已有的经济组织进行适宜性改造，创新集体资产经营方式。促进农村集体经济组织与农户及合作组织、农业企业等进行股份合作，增强集体经济发展活力。

2. 大力加强基础设施建设，补齐农村发展的最大短板

一是提高农村自来水普及率和质量。

二是完善农村道路和交通设备，降低车费。

三是加强农村电网的日常检查、维护。

四是实行"天然气进农村"工程。

五是加大政府投入，改造农村危房，打造农民的避风港。

六是实施农村人居环境三年整治行动，推进"厕所革命"，改善农村脏乱差的问题，打造生态宜居的人居环境，建设美丽乡村。

七是加强农村休闲娱乐设施建设，丰富村民日常生活，如打造休闲活动广场，配备健身设备、篮球场、图书室、农业科技传播室、电影放映室等，为村民提供休闲健身的好去处，丰富村民的日常业余生活。

3. 调整优化农村产业结构，加快一二三产业融合发展

深化农业供给侧结构性改革，培育农业农村发展新动能，调整优化农村产业结构，转变农业发展方式，促进农业体制机制创新，合理配置农业要素，推进农村一二三产业融合发展，促进农业增效、农民增收、农村增绿。

四、主要经验与典型做法

(一)主要经验

产业发展是脱贫致富、乡村振兴的重要抓手,是高校践行"把论文写在大地上"的具体实践,更是事关民生福祉的民生工程和良心工程。对门山村在贵州大学驻村第一书记陈勇带领下紧扣产业发展,依托贵州大学的科技、人才和"校农结合"帮扶的"组合拳"优势,因地制宜创建"一叶一果"(茶叶和圣女果)主导产业体系,积极探索实施"五化"发展模式,在基层治理、产业发展、助农增收、移风易俗和生命安全等方面成效明显。

(二)典型做法

1."组织引领"平台化

在经济组织村合作社健康发展的同时,为了加强基层治理效果,对门山村注重治理体系、治理平台的搭建。

一是建立山歌式的易记、合法、简单、管用的"村规民约十二则""红黑榜"和"一张网一中心十联户"管理体系。

二是创建村级少年"娃娃团"、青年"互助会"和"老年协会"等基层群众性组织,使得少年在公益志愿服务作用的发挥、青年在产业就业发展上的协作、老年在传统民俗文化传承和矛盾纠纷化解上,每个不同年龄阶段的群体都能为村里的发展和治理找到对应的平台,发挥各自的作用。

通过基层党组织和群众组织的平台搭建,对门山村正在朝着社员就是村民、村民就是合作社股民的"村社合一"发展方向前进,基层组织引领助推村"两委"管理、服务平台化的成效日益突显。

2."科技服务"田间化

2018年,贵州大学校长宋宝安院士到对门山村调研考察后,围绕产业链打通上下游并形成循环闭合发展,贵州大学在对门山村建立了由校派驻村第一书记陈勇牵头协调对接,金林红、张万萍、陈祥、陈卓作为茶叶、蔬菜和养殖产业导师,全校涉农学科师生参与,村"两委"班子负责的产业发展模式,茶叶、蔬菜和养殖业迅速成为当地主导产业。科技服务深入田间地头,助力对门山村建成4 500亩规模(同时辐射带动周边的龙山村、三河村等1.6万亩)的茶产业基地,黄金芽、白茶每亩收益达1.3万元左右,基本实现全村户户有茶、人人有业、村集体经济积累有支撑的发展格局。

3."产业发展"公司化

为增加茶产品附加值并拓展销售渠道助农增收,校派驻村第一书记陈勇本着"品牌再难，也要去做"的韧劲，盯紧打造高端名优茶叶品牌目标，边学边干、边干边学，为村集体合作社注册"贞兮"茶叶商标，然后成立村集体控股的贵州贞兮茶业有限公司；协调争取政府涉农资金和东西部帮扶资金支持，为贵州贞兮茶业有限公司建设了通过国家食品安全 SC 认证，集加工、冷库储存、冷链运输、产品展示和交易于一身，占地 5 000 多平方米的贞兮茶业厂；根据生产需求采买名优茶制茶相关设备，生产全过程按照 SC 标准并请贵州大学茶学专家进行现场指导，传授制茶技艺，培训本土"乡间制茶师"。对门山村的贞兮白茶获 2021 年第十三届国际名茶评比金奖、中国茶学会名茶评比"四星名茶"和 2022 年第十一届"中绿杯"名茶评比金奖等殊荣，大大提高了贵州大学科技工作者带着茶农做好贞兮茶叶的士气和决心。

4. "利益联结"股民化

产业发展，找准合作社、平台公司和群众的利益联结共同点，激发群众的内生动力和参与意识是关键。为改变 2017 年以前对门山村农户发展产业只靠自己单打独斗的局面，使他们的收入得到持续增长和有效保障，村合作社动员普通农户和建档立卡户将扶贫资金、农户土地资源和入股资金通过"三变"模式集中融入村内"一叶一果"的产业体系之中，实现 100％的建档立卡户和 70％的非建档立卡户农户以土地、资金、技术等方式量化入股村合作社，使村民可以获得土地流转费、劳务用工报酬、政策性补贴和生产经营效益分红等多重收入，有效激活了农户的内生动力，盘活了村内的人力、土地等现有资源。

产业结构调整下科学合理的利益联结方式，使对门山村的村民正朝着职业新型化、村民股民化的方向发展迈进。

五、对策建议

1. 坚持党建引领和基层组织平台搭建

要牢牢抓住党建引领不放松，坚持党的基层组织全面统筹、群众组织完善补充的做法。要把党的基层组织建到产业发展的链条上去，充分发挥党员和基层党组织的"两个作用"。通过搭建基层群众组织，以社会化服务方式作为基层党组织服务功能的依托和补充，推进基层治理体系和治理能力不断提升，维护广大农民的利益。

2. 发展新型农村集体经济

要深刻把握新型农村集体经济的内在规律和发展路径，下大力气从"资源发包、物业出租、居间服务、资产参股"4 个方面做好文章，努力做到"产权关系要明晰、治理架构要科学、经营方式要稳健、收益分配要合理"。

3. 发展新型农业经营主体

作为新型农业经营主体的合作社、龙头企业、村级平台公司、产业协会和生产大户，是推动农业产业转型升级、带领农民增收致富、实现农业农村现代化的重要力量。政府层面要加大培育力度，帮助经营主体建立科学管理制度，加大政策宣传力度和扶持力度，村集体要积极探索土地集中流转和"返租倒包"制度，通过"三变"（资源变资产、资金变股金、农民变股东）模式建好股份经营体制和利益联结机制，用好集体资产"三权分置"方法，合理关注各参与主体方的利益关切点，明晰责、权、利，让村民可以获得土地流转费、劳务用工报酬、政策性补贴和效益分红等多重收入，推动农民职业化、产业公司化、村民股民化、服务社会化发展，保障产业在发展过程中持久稳定地助力乡村振兴。

4. 因地制宜选择产业

产业发展，因地制宜选对产业是关键。对门山村选择了茶产业作为主导产业，但是在茶的品种选择上舍弃品质不佳、效益低下的传统品种，通过市场调研分析和请贵州大学农学、林学、茶学专家的实地"把脉问诊"，最终选定高附加值的白叶一号和黄金芽，并在茶叶基地中套种低矮大豆、花生等粮油作物。复合立体农业带来多重收入，时间和事实证明当初的决策是正确的。在习近平总书记说的"一片叶子带富一方百姓"的绿色发展道路上，对门山村越走越稳。

调研报告十三
贞丰县双峰街道冬妹村特色产业调研报告

一、引　　言

2022 年 4 月至 2023 年 4 月，调研组对贞丰县双峰街道冬妹村进行实地走访调研。调研组发放了调查问卷 3 份，收回问卷 3 份，实地走访企业（合作社）2 家，随机走访农 5 户。调研组与村支书、村主任及驻村干部就本村产业发展现状、基础条件、优势潜力、乡村治理现状、发展愿望、市场需求、重点项目、投资效益、农民增收、产业发展存在问题与解决路径进行深入座谈交流。根据调查问卷、座谈交流及实地走访调研结果，形成本次调研报告。

二、主要特征与现状分析

（一）主要特征

1. 区域分布

冬妹村位于黔西南州贞丰县双峰街道东部，与新寨村、萝卜寨村、坡烂云村和者相镇这艾村相邻。

2. 基础条件与优势潜力

1）地域交通

冬妹村位于黔西南州贞丰县双峰街道东部，村委会距双峰街道办事处 3.5 千米，距县城 19 千米，包括 9 个自然村寨 14 个村民小组。冬妹村距最近高速入口（贞丰收费站）15 千米，距最近汽车站 19 千米，距最近火车站 88 千米，距最近的飞机场（兴义万峰林机场）126 千米。通村公路以柏油路为主，村内连户道路以水泥硬化路为主，路况良好，交通便利。

2）土地资源

冬妹村总面积为 11.1 平方千米（16 650 亩），耕地面积 1 947 亩（其中，水田 1 273 亩，旱地 674 亩），林地面积 7 710 亩。

3）基础设施

冬妹村水、电、路、网全面覆盖，村内主要路面均实现水泥路面硬化，沿路两侧均设照明路灯。村内配套生活超市 2 个、卫生室 1 个、文化广场 3 个。村民主要生活用水为自来水，作为主要燃料能源的电和煤气能满足村民生活所需。调研显示，本村现有的水电路等生活基础设施较以前有很大改善，农户较为满意。但农业生产基础设施相对滞后，农户比较不满意，无法满足对高质量生活的需求。

4）人口结构

冬妹村现有户籍总人口 523 户 2 608 人，其中农业劳动力人口 1 614 人，外出务工 1 351 人，常住人口 1 257 人（其中 16～60 岁 524 人，占常住人口比例为 41.69%）。该村主要居住着布依族、苗族、汉族等民族，其中少数民族占比为 79.87%。劳动力人口特点主要是文化教育程度低，初中及以下文化程度的占总劳动力人口的 70%，多数以从事农业种植、养殖为主，掌握专业技能的人较少，青壮年劳力大多外出务工，在本地创业的极少。

（二）现状分析

1. 产业发展状况

冬妹村属于集聚提升类村庄，村庄发展方向明确，坚持把产业振兴作为乡村振兴的重中之重。在保证粮食安全的基础上，全村产业发展以坝区"稻＋鱼"、牛、羊、蔬菜等产业为主。养殖肉牛 461 头、黑山羊 1 120 头，"稻＋鱼" 600 亩，种植蔬菜面积达 320 亩。基于本村自然禀赋，村民有养牛的习惯，围绕黄牛养殖，该村开展鲜食玉米、青贮玉米一年两季种植，以及牧草类作物种植，通过"公司＋合作社＋农户"组织结构，逐步实现种养结合，形成"黄牛＋N"产业发展布局。全村新型农业经营主体 1 个，逐步通过贵阳市物流园、本地生活物资供应单位为产业发展形成了畅通的销售途径。冬妹村每年的种养产业销售额约 750 万元。

2. 生态环境状况

冬妹村特色田园乡村生态环境建设成效明显，村庄绿化覆盖率达 71.5%；自来水全入户 523 户，278 户实现了旱厕改造；畜禽粪污综合利用率达 82%；村内设有污水分户处理设施，生活垃圾定时转运到城镇统一处理。随机走访农户对目前居住的生态环境发展进行满意度评价，大多数农户非常满意目前生态环境状况，但希望可以建设本村的污水处理系统。

3. 乡村治理状况

冬妹村现有党员 43 人，党员人数占村总人口的 1.65%，有大学生村干部 4 人。

村党组织书记兼任村委会主任，形成了"一中心一张网十联户"联动共管机制的乡村治理工作模式。全村推动法治、自治、德治"三治融合"，党员带头、群众参与，不仅发展起了坝区蔬菜、粮食种植业，同时围绕黄牛养殖业，逐步形成"黄牛＋N"的种养结合产业发展布局。冬妹村积极推进河道治理、庭院治理、房屋美化、垃圾分类清运、污水治理等工作，同时村内探索实施积分制，引导村内事务自己办、主动办、及时办，用工作积分换取生活物资。村委会充分发动群众，参与村庄治理，逐步形成以"村党支部＋村民委员会＋寨老＋小组长"为管理主体，广大村民参与的乡村治理体系。实地调研走访结果显示，农户对本村乡村治理总体上是非常满意的。

4. 乡村文明状况

冬妹村制定了乡规民约和相关的制度。全村学龄儿童入学率实现100%，人均受教育年限达8年，村中现有"星级文明户""文明家庭"5个，图书室1个。结婚彩礼费用为5万～10万元。实地走访调研发现，村内虽然经常举办思想政治宣传、科普宣传、法律宣传等活动，但村民主动进入图书室学习的频率不是很高。村内无虐待老人、儿童的行为。农户对本村乡村文明建设比较满意。村内每个月都要评选"最美家庭"，关注孝老爱亲活动，建立孤寡老人警报网，确保在老人们有困难时，村"两委"能第一时间给予帮助。

5. 生活水平状况

冬妹村目前农户人均年纯收入约1.28万元，村集体平均年收入为10万元。新型农村合作医疗参合户数为483户、农村养老保险参保户数为470户，购买农业保险户数为108户。村内已实现联网，包括移动、联通、电信和广播电视，均能满足村民的娱乐需求，人均年用电费用320元，使用有线电视户数521户，使用宽带户数为295户，使用智能手机户数为523户，拥有私家车户数为140户。实地调研走访，整体村民生活质量有所提高，传统种植、养殖占比较大，高质量新技术消化吸收少。农村产业经济缺乏自主性，收益保障不稳定。村民基本生活保障无忧，但离"造血型"自主经济和高质量新农村生活水平还有一定差距。

三、存在问题与解决路径

(一)存在问题

1. 产业模式有待优化

部分土地零散破碎、土壤贫瘠，规模化、现代化农业标准不高，一二三产业体系不完善，并且主要为一产，缺乏二产三产的推进思路，农业供给质量和效益亟待巩固和提升；黄牛养殖业仍局限于传统放牧，品种退化严重，生产效率低；养殖户多为留村老人，接受新技术、新思想的能力有限，致使本村肉牛产业黄牛品种良种不足、饲养模式推进缓慢，急需企业引领，大户带头，逐步实现按季节变换的放养、圈养轮换模式，提高养殖业的收益。

2. 土地基础设施建设滞后

高标准农田建设不足，无法保障旱涝保收。土地利用率下降，土地管理水平不足，应加强土地的充分利用和轮耕休种的管理，保持土壤肥力，实现可持续发展。

3. 高素质人才缺乏

农村基层治理存在薄弱环节，村干部群体培养严重脱节，乡村治理人才匮乏，治理体系和治理能力仍待提升；硬件设施滞后，村民精神文化生活有待丰富。

4. 村庄建设规划滞后无序

村内建筑风貌不统一，建筑排列较为散乱随意，缺乏统一规划。污水处理和垃圾清运等仍需加强。

5. 村民经济收入方式单一

农村有效劳动力外出较多，村内自主创业人员少，缺乏自主产业，村集体经济实力偏弱，发展缓慢，农户本地就业面窄，无法为留村劳动力提供充足的就业机会，收入偏低。

(二)解决路径

1. 优化产业模式，延伸产业链条

持续巩固拓展现有产业，鼓励外出务工人员返乡创业。积极扶持村种养大户建立产业发展合作社，形成"合作社＋农户"的村民自治自理产业发展模式。建强村集体经济，健全企业、合作社和村民利益联结机制，整合土地资源，鼓励农业人才自主创业；依托网络平台，开发特色产品，打通农产品生产、加工和销售全链条。在巩固拓展一产的基础上，积极发展二三产业。

2. 发扬民族文化，营造良好氛围

根据本地布依族文化，展现更多布依族风貌，打造特色乡村文化，积极建设村庄文化活动室；打造"数字乡村"信息平台，让政务信息透明化，使村民了解、熟悉村务治理，积极参与村务监督管理；积极组织村民文化活动，继续打造"丰收奖"等民族村庄特色活动，保持民风，留住乡愁。

3. 加强村庄基础设施建设，软硬件齐上新台阶

发展致富能手、退役军人、毕业大学生参加村庄建设，夯实人才基础；加大宣传和资金的投入，确保垃圾和污水得到有效治理；加强土地资源和田间设施修缮和规划利用；加大宣传和落实的力度，确保制定的村规民约执行到位；完善水渠、高标准农田、肉牛养殖圈舍等基础硬件设施建设，为产业发展夯实基础；进一步完善村庄建设规划，指导村庄未来整体发展方向。

4. 打造产业品牌，提高产业发展附加值

壮大村集体实体经济，积极发展村内自主产业，围绕主导产业规划，调整产业结构，打造当地特色产品，逐步形成自主品牌，形成区域特色的种养结合的绿色产业，提高产业发展的经济与社会效益。

四、主要经验与典型做法

（一）主要经验

乡村振兴、产业先行，冬妹村结合自身特色优势，通过农业产业结构调整，采取"党支部＋合作社＋龙头企业＋订单＋基地＋个体农户"的模式，推进思想观念、发展方式的革命性转变，推动优势特色产业集群建设，走出一条区域化种植、规模化经营、产业化发展的新路子。

（二）典型做法

冬妹村利用区位、资源、气候和政策优势，积极对接大湾区，引进企业参与村庄特色产业发展。充分利用东西部协作机制，争取惠阳区帮扶资金支持，实施乡村振兴产业项目。通过群众会、小组会及村"两委"的充分调研，形成村庄"黄牛＋N"的发展思路，围绕黄牛养殖，建设村民互助共养养牛模式，村集体建设牛圈，村民互助管理，既保障黄牛产业发展，又实现牛不回村的目标，解决村庄环境治理难题。冬妹村充分引进"五小园"（小菜园、小田园、小养殖、小经营、小加工）建设经验，积极打造特色田园乡村，先后建设"五小园"38户，改善了村容村貌。积极建设村集体经济，通过引进企业和合作社自主发展，先后发展羊肚菌种植150余亩、鲜食玉米种植200余亩，实现土地的2～3季的全年滚动利用，显著提高土地利用效率和种植业收益。

五、对策建议

1. 加强基层组织建设，增强战斗堡垒作用

充分利用大学生村官、退役军人村官等相关政策措施，积极吸纳毕业大学生、退役军人、产业能人等到村"两委"工作，巩固冬妹村发展的人才基础。积极探索村级事务的分工协作机制，充分挖掘村干部个人特长与兴趣，实现村常务工作井井有条开展，村产业发展有带头人，进一步推动冬妹村发展的内生动力。

2. 明确乡村振兴产业主题，推进产业高质量发展

坚持冬妹村"黄牛＋N"的总体发展思路，紧盯产业链发展的痛点、难点与不足，充分利用贵州大学动物科学学院驻村帮扶的机遇，找出产业发展的瓶颈，拓宽产业发展的路径，使种养结合、多点增收、村民致富。

3. 提升村庄治理水平，推动乡村文明建设

进一步优化村庄治理体系，充分发挥村民自治动力，全面提升村庄环境治理水平；挖掘村布依族、苗族等民族文化，加强村民文化建设。在乡村振兴的道路上，推动具有冬妹村特色的乡村文明建设。

调研报告十四
贞丰县平街乡营盘村特色产业调研报告

一、引　言

2022 年 9 月 16 日调研组前往贞丰县平街乡营盘村进行调研。调研组发放了调查问卷 3 份，收回问卷 3 份，实地走访企业（合作社）3 家，随机走访农 7 户。重点就本村产业发展现状、基础条件、优势潜力、乡村治理现状、发展愿望、市场需求、重点项目、投资效益、农民增收、产业发展存在问题与解决路径进行深入座谈交流，形成本次调研报告。

二、主要特征与现状分析

(一)主要特征

1. 区域分布

营盘村位于黔西南州贞丰县平街乡东部，村委会距冗渡镇 4.5 千米，与花江村、卡房村、冗染村相邻。

2. 基础条件与优势潜力

1) 地域交通

营盘村位于黔西南州贞丰县平街乡东部，村委会距冗渡镇 4.5 千米，距县城 42 千米，距最近高速入口（贞丰收费站）45 千米，距最近北盘江镇汽车站 14 千米，距最近关岭火车站 66 千米，距最近飞机场（兴义万峰林机场）133 千米。通村公路以水泥路为主，村内连户道路以水泥硬化路为主，路况良好，交通便利。

2) 土地资源

营盘村总面积为 10.3 平方千米（15 450 亩），耕地总面积 1 360 亩（其中水田 555 亩、旱地 805 亩），荒山 4 800 亩，林地 279 亩。营盘村属中亚热带季风气候，常年气候温和湿润，年均气温 17.5℃，年均降水量 1 200 毫米，无霜期长。

3）基础设施

目前，营盘村已实现全村自来水全覆盖，已完成通村路建设、通组路建设及串户路建设，全村通生活用电、网络信号及广播电视。村级卫生室 1 个，共计 80 平方米，配备村级医务人员 1 人。饮水管道安装 8.2 千米，提灌水池 3 个，建设公共厕所 1 个，村文化活动室 1 个。

4）人口结构

营盘村下辖 9 个自然寨 12 个村民小组，总人口 567 户 2 623 人，少数民族人口 667 人，占 24.63％。共有劳动力 1 414 人，其中省外务工 699 人，特别是，浙江省 538 人，广东省 72 人，其他省占比为 49.4％，贵州省内占比为 50.5％，国外 3 人，占比为 0.01％；在家务工 466 人，占比为 32.95％。全村低保户 78 户 120 人；搬迁户 23 户 109 人，者相安置点 18 户 86 人，县城安置点 2 户 9 人，西城安置点 2 户 11 人，北盘江安置点 1 户 3 人。农户收入主要以外出务工、种植、养殖收入等为主。

(二)现状分析

1. 产业发展状况

营盘村共有合作社 1 个，覆盖全村农户 567 户 2 623 人。全村共实施扶贫项目 18 个，其中，到户类 16 个，总投资 155.05 万元，涉及 156 户；"三变"类项目 1 个，总投资 195 万元；东西部扶贫项目 1 个，总投资 15 万元。实施项目均建好扶贫资产管理台账。营盘村主导产业有李子、烤烟、养猪等。合作社运营情况良好，2020 年年底村集体经济金额累计 35 284.34 元，现有花椒种植 50 亩。

2. 生态环境状况

营盘村特色田园乡村生态环境建设成效明显，村庄绿化覆盖率达 80％；自来水全入户 567 户，全部实现了旱厕改造；畜禽粪污综合利用率为 60％；村内设有分户处理设施，实现雨污分离；设置垃圾箱，生活垃圾定时转运到城镇统一处理。随机走访农户，对目前居住的生态环境发展进行满意度评价，大多数非常满意村内的生态环境发展状况，但是认为还有进一步提升的空间。

3. 乡村治理状况

营盘村现有党员人数 31 人，党员人数平均占村总人口的 1.18％，没有大学生村干部。村党组织书记兼任村委会主任。全村推动法治、自治、德治"三治融合"，党员带头、群众参与，加强农村基层组织建设、解决基层矛盾纠纷、推进移风易俗。

一是建立利益联结机制，夯实治理能力。通过建立文明积分超市，以奖激励，如果出现不文明情况，扣分并公示等。

二是提高干部的德治水平，农村是一个人情社会，村干部要心系村民、以德服人。只有做到秉公办事，严格自律，坚决执行好上级的任务，才能在群众中产生说服力和凝聚力，让德治与自治相统一。另外，还要将德治和文明建设结合在一起，打造乡村新文化，合理引导村民。

三是建立工作机制，健全乡村治理制度基础。制定好常态化的入户制度，要规定党员村干部切实深入到群众中去，对群众不理解、有心结的事项要做到不厌其烦，把问题搞透，并且为村民解决。建立村委和村民的沟通机制，定期召开大会，及时反映相关情况，扩大民主范围，听取大家的意见。

四是运用法律武器，以法治为基础。加强村干部的法律知识体系培养，提高法治素养，教育引导广大群众尊法、学法、守法、用法，遇事找法、化解矛盾靠法等良好氛围。以上相关工作得到群众的高度认可，通过实地调研走访了解到，农户对本村乡村治理总体上是非常满意的。

4. 乡村文明状况

营盘村制定了村规民约和相关的制度。全村学龄儿童入学率实现 100％，人均受教育年限达 7 年，村中现有"参军光荣户""文明家庭" 5 户，图书室 1 个。结婚彩礼费用为 10 万～15 万元。实地走访调研发现，村内虽然经常举办思想政治宣传、科普宣传、法律宣传等活动，但村民主动进入图书室学习的频率不是很高。村内无虐待老人、儿童的行为。农户对本村乡村文明建设比较满意。村内实行网格化管理，对于村内留守儿童老人进行全方位无死角管护，确保在老人儿童们有困难时，村"两委"能第一时间给予帮助。

5. 生活水平状况

营盘村人均年纯收入约 1.2 万元，村集体平均年收入为 9 万元。新型农村合作医疗参合户数为 567 户、农村养老保险参保户数为 486 户，购买农业保险户数为 23 户。村内已实现联网，包括移动、联通、电信和广播电视，均能满足村民的娱乐需求，拥有私家车户数为 103 户。实地调研走访，整体村民生活质量有所提高，传统种养占比较大，高质量新技术消化吸收少。农村产业经济过度依赖企业，缺乏自主性，收益保障不稳定。

截至 2022 年，营盘村总共纳入 14 户脱贫不稳定户和 14 户边缘易致贫户，2020 年 5 月时已全部消除风险；2022 年新纳入 1 户监测户（顶岸），纳入原因是患病，主要通过部门检查预警线索核实纳入，原因是医疗开支过大，有致贫风险，给予社会捐赠、民政兜底、医疗报销、就业帮扶等措施。按"摘帽不摘帮扶"的工作要求，对全村人口进行排查，并做到实时动态监测。

一是开展"四逐四准"排查 3 轮，没有排查出问题。

二是预警线索 92 条，经入户核实，采取医疗报销、低保等政策措施干预，召开村级研判，均不存在返贫、致贫风险。针对预警户预警问题建立台账，并落实医疗、就业、综合保障（农村低保、城乡养老保险、特困供养、困难残疾人生活补贴、重度残疾人生活补贴等）等帮扶措施。

三是脱贫不稳定户 14 户 156 人，边缘户 4 户 8 人，全覆盖监测，聚焦"一达标两不愁三保障"，采取入户核实，会议研判等方式，紧盯因病、因残、因学、重大变故及受新冠疫情影响等易返贫致贫关键因素，建立按月监测、分类预警、措施帮扶机制，按照"缺什么补什么"的原则，侧重产业就业增收、内生动力激发、社会综合保障、金融信贷支持等，因户施策，精准帮扶，确保脱贫人口持续稳定脱贫不返贫，非建档立卡人口不致贫。

综上可知，营盘村村民生活基本生活保障无忧，但离"造血型"自主经济和高质量新农村生活水平还有一定差距。

三、存在问题与解决路径

（一）存在问题

1. 产业发展方面问题
营盘村产业不具备规模，未订单化、品牌化，无龙头企业，合作社带动能力不足。

2. 人居环境和生态环境问题
存在粪污乱排乱放、河道白色垃圾污染、农业养殖污染等现象。

3. 乡村人才问题
村级后备干部培养仍需加强，村民文化程度不高，中青年外出务工多，各类文化及创业能手缺乏。

4. 基础设施短板问题
村内各项基础设施还需完善，文化活动场所缺乏。

5. 农村思想道德和文化问题
思想守旧，移风易俗有待提高。

6. 乡村治理和基层组织问题
缺乏带头人，村民自治能力有待提高。法治、德治、平安建设等需加强。

（二）解决路径

一是持续巩固现有产业，鼓励外出务工人员返乡创业。加强人才队伍建设，完善权责对接机制；建立村集体资金池，健全企业、合作社和村民利益联结机制，整合土地资源，鼓励农业人才自主创业；依托网络平台，开发特色产品，打通农产品生产、包装和销售全链条并联动生产基地观光体验相关服务业。

二是加大宣传和资金的投入，确保垃圾和污水得到有效治理；加强土地资源和田间设施的规划利用。

三是依托贵州大学驻村联结机制，建立教育帮扶微信群，使村内具有较好潜质的适龄儿童与贵州大学学子建立联系，树立正确的求学观，为村集体储备人才。

四是建立全新村活动室，建设更大的篮球场地，供村民们交流、娱乐和学习。

五是加大宣传和落实的力度，确保制订的乡规民约执行到位；完善基础硬件设施，带动村民闲时参与兴趣活动，丰富日常生活。

六是根据本地布依族文化，展现更多布依族风貌，打造特色乡村文化；打造"数字乡村"信息平台，让政务信息透明化，使村民了解、熟悉村务治理，积极参与村务监督管理。

四、主要经验与典型做法

（一）主要经验

依托贵州大学驻村联结机制及技术集群优势，积极谋划乡村人居环境整治和产业振兴有机结合的创新项目，探索出以"蚯蟥—黄粉虫—土元"转化农业废弃物产业模式。巩固拓展脱贫攻坚成果，全面推进乡村振兴。

（二）典型做法

一是成立营盘村驻村工作队"虫粪"循环集成示范点，已被《贵州日报》作为经典案例报道，对营盘村发展虫产业产生深远影响。

二是营盘村酿酒业已经通过国家商标注册，并请贵州大学专家考察鉴定，计划投入批量生产，给更多酿酒农户带来更大的经济效益。

三是酿酒产生的酒糟可以用来发展养猪养牛产业，产生的粪便可以用来养虫，虫则是可直接喂鸡、喂鱼的优质蛋白饲料，通过实现以上循环，切实把生态优势转化为产业经济优势，既解决了环保问题，又使其变废为宝，产生经济效益。目前，营盘村的新产业模式持续摸索推进，预计在3年内可形成中等规模。

五、对策建议

1. 加强基础设施建设

投资农村基础设施建设，包括道路、桥梁、水利、电力等设施，提高农村交通、通信和生活条件，促进产业发展和人口流动。例如，本村西牛洞组、冗贡组、庆门口组的通信信号欠佳，需补充信号基站。

2. 大力发展特色产业

鼓励营盘村发展多元化产业，包括农村旅游、农产品加工等，提高农民收入；发展现代农业技术，提高产量和质量。

3. 农村治理体系创新

推动营盘村社会治理体系和治理能力现代化，鼓励村民自治，提升基层治理水平。

4. 培训具有一定技能和视野的村民能人

鼓励专业人才、技术人才进入营盘村，为本村村民提供培训机会，提升本村人口素质和创新能力。

调研报告十五
播州区石板镇池坪村特色产业调研报告

一、引　　言

　　课题组通过现场走访、交流座谈、问卷调查等方式对播州区石板镇池坪村推进乡村振兴集成示范试点情况开展调研，梳理总结该村发挥当地农业产业的优势，促进传统产业提质增效，培育壮大特色高效产业的基本思路与主要做法，破解山区特色乡村"产业培育"的难题，为贵州乃至西南山区乡村全面振兴提供参考借鉴。

二、主要特征与现状分析

(一)主要特征

1. 区域分布

　　池坪村位于遵义市播州区石板镇北部，东面与南白镇毗邻，北面与龙坑镇接壤。距镇政府5千米，距播州城区11千米，交通便捷。

2. 基础条件与优势潜力

1）地域交通

　　池坪村位于遵义市播州区石板镇北部，距镇政府5千米，距播州城区11千米。池坪村周边与兰海高速、杭瑞高速、遵义绕城高速相邻，交通便捷。

2）土地资源

　　池坪村总面积13平方千米（19 500亩），其中，耕地面积1 850亩，林地面积2 550亩，产业用地4 445亩。全村以盆地地形为主。

3）基础设施

　　池坪村农田基础条件好，水资源丰富，建有山塘水库和排洪河道。坝区建有高标准农田 800 余亩。稻田耕作和灌溉条件良好。

4）人口结构

池坪村设龙坑组、龙塘组、后坝组、喇叭组、水头上组、半坎组、五组、六组、七组、石院头组、金星组、九组、十组、十一组、上十二组、下十二组、十三组、十四组、十五组 19 个村民组，有 1 332 户 5 033 人。人口以汉族为主。

（二）现状分析

1. 产业发展状况

池坪村农田基础设施完备，水源灌溉方便，土质肥沃，全村以"特色稻＋"、辣椒、叶菜、食用菌、李子、生猪等产业为主，其中，"特色稻＋"是该村特色优势产业，稻田综合产值为 4 500 元（水稻 3 800 元，鸭和鱼共 700 元）。

2. 生态环境状况

池坪村多年平均气温 14.6℃，最高气温 38℃，最低气温－8℃。年均无霜期 280 天，年均日照时数 1 146.9 小时。年均降水量为 1 055 毫米，属典型亚热带季风湿润气候，四季分明，冬暖夏凉。

3. 乡村治理状况

池坪村以"党建＋村民积分制"为抓手，推进基层治理工作，不断地完善修订自治示范村民组的细则，激发出了群众自治的新活力。该村发动全村乡贤人士参与乡村治理，组成了"红星调解队"，强化德治先导，加强基层治理，带领队员们和村干部走家入户，化解村内的矛盾纠纷。

4. 乡村文明状况

池坪村以"两红小组"建设为抓手，组建红星党小组，通过积分制管理，为红星党员设岗定责，充分激发党员自治活力，有效发挥党员的先锋模范作用。通过红星指导员、红星管事组、红星产业"三个关键"，努力实现群众自我教育、自我管理、自我服务、自我监督"四个自我"的有效示范。通过组织群众、发动群众，引导群众主动参与村组事务决策和治理，建立良好的共谋、共建、共管、共评、共享机制，形成"群众的组群众管、群众的家群众当"的新时代基层治理新方向。

5. 生活水平状况

池坪村主要发展"特色稻＋"、蔬菜、辣椒、食用菌、水果等特色产业，同时村民通过进城务工，发展特色餐饮、农家乐等，增加收入。近年来，村民收入持续增多。据 2022 年统计，人均年收入达 1.8 万元。

三、存在问题与解决路径

(一)存在问题

调研发现,池坪村曾经面临缺乏农业实用人才和先进技术、产业经济效率不高等贵州省农村普遍存在的问题。

1. 缺乏农业技术人才

池坪村距离镇政府 5 千米,距离播州城区 11 千米。便利的交通条件吸引了大量青壮年到城区就业。全村外出务工人员占适龄劳动力的 85% 以上,缺乏致富能手、种养大户。大学毕业后返乡创业的大学生占比不到 3.5%。乡镇农业技术服务中心有编制人员 8 名,"在编不在岗"和"在岗不在位"的情况突出,在岗的农技人员仅 2 位,只能开展常规的农技植保服务,对蔬菜和食用菌种植、畜牧养殖、动物疫病防控、农产品采后加工等服务不足,该村没有配备基层农技人员。

2. 缺乏先进实用技术

池坪村农业产业的基础条件好,产业种类多,涉及种植和养殖业,冬春季以蔬菜为主,夏秋季以水稻、水产和水果为主。该村由于缺乏稻田复合种养、水稻生物防治、食用菌高效种植、桃李树田间管理和病虫害防治等方面的先进技术,农产品的产值不高,农民收入受影响,农民积极性受到打击。例如,水稻常年因稻飞虱、稻纵卷叶螟、稻瘟病、稻田杂草等病虫害危害,损失率高达 30%,农药施用次数 6～7 次,每亩化学农药使用成本达 300 元,每亩用工成本 750 元。

3. 产业经济效率不高

池坪村在产业上涵盖了水稻、水果、水产、蔬菜、生猪、家禽等产业,但产业不强、产业链不长,农业的效率不高。例如,尽管全村农民户户有田,稻田基础条件好,但种植技术不强,稻米加工能力跟不上,全村没有稻米加工厂,没有稻米品牌。多年来,全村以市场价销售稻谷,农民在水稻种植上的收入不高。此外,尽管有桃、李等水果品种,有鱼、鸭等稻田附加产品,但也因为没有品牌,没有深加工,导致农产品主要进入当地市场,存在滞销、低价销售等情况。

在各级党委政府的支持指导下,在贵州大学的支持和帮助下,村"两委"积极开展校地合作,贵州大学从农业实用人才培养、先进实用技术培训及产业选择和培育等方面给予支持,全面带动池坪村的乡村振兴。

(二)解决路径

1. 推动农业人才,服务农业产业

针对农业产业发展缺乏实用人才的现状,贵州大学 10 余名专家教授担任播州区

省级科技特派员，并开展组团式帮扶。省级科技特派员针对池坪村产业现状，特别是在水稻、蔬菜和果树种植管理、畜牧养殖及疫病防治、稻米和辣椒等农产品深加工、农村电商、农旅结合等方面缺乏人才的现状，国家大宗蔬菜产业技术体系岗位科学家及贵州大学绿色农药与农业生物工程教育部重点实验室教授陈卓汇集省市级科技特派员及贵州省蔬菜质量安全和绿色防控技术专家小分队的力量，并邀请宋宝安院士等国内知名专家到基地指导，举办水稻产业发展大会，帮助该村培养农业人才，共培训农民、基层农技人员 244 人次，解决该村发展产业面临人才短缺的难题。同时，协助村"两委"引进地方水稻知名企业贵州山至金生态农业有限公司，通过"公司＋合作社＋农户"的方法，带动当地农户提升生产水平。

2. 培训农业技术，提升产业效率

针对水稻生物防治、稻田复合种养、水稻安全用药、果树花期管理及施肥、稻米和辣椒深加工等技术缺乏，贵州大学陈卓教授示范推广"作物全生育期病虫害协同控害增效技术"，举办农业技术培训班，在播州池坪建立科技小院，通过"博士村长"计划发动学科学生积极服务基地，通过"做给农民看，带着农民干，帮助农民赚"，将先进技术传授给农民，并在池坪坝区建立核心示范点，进行新技术示范。2022 年，水稻示范区总体防控效果达 85％以上，减少化学杀虫剂使用量 25％以上，减少农药和用工成本，天敌数量增加 11.3 倍，水稻产量保持稳定，水稻农药残留符合国家标准。甘蓝示范区的总体防控效果达 80％以上，减少化学杀虫剂使用量 30％以上，产量比常规防治增加 5％，甘蓝市场销售价比常规防治技术的产品每千克高 3.6 元。

3. 延长产业链，增强农民内生动力

针对产业"重生产、轻加工、重产品、轻品牌"的现状，池坪村开展农产品深加工、品牌培育、农旅结合，延长全村产业链，增强农民发展产业的积极性。例如，针对全村及周边村镇没有稻米加工厂，稻谷生产成本高等问题，贵州大学、贵州省农业农村厅从厂房选址、车间设计、稻米加工技术等方面积极帮助贵州山至金生态农业有限公司筹建稻米加工厂，并邀请湖南省农业科学院水稻研究所专家到池坪考察和指导，推动稻米加工厂的建设。同时，贵州大学帮助贵州山至金生态农业有限公司设计、培育"蟹田稻米""仙乡谷"等多个地方知名稻米品牌，提高稻米附加值，带动池坪村及周边村镇发展稻米，农民种粮积极性得到大幅提高。

四、 主要经验与典型做法

（一）主要经验

1. 吸引农业人才到农村创业，推动农村产业发展

习近平总书记强调，"人才振兴是乡村振兴的基础""激励各类人才在农村广阔天

地大施所能、大展才华、大显身手，打造一支强大的乡村振兴人才队伍"。池坪村距离遵义市播州区主城区较近，受城市经济影响，村民持续向城市移动，农村"空心化"严重，农村集体经济缺乏活力，产业萧条。针对池坪村产业发展缺乏人才的现状，基于贵州大学与播州区有着长期深厚合作基础，贵州大学省级科技特派员团陈卓教授带领各相关学科师生组建"博士村长"团队，在池坪村建立贵州省省级人才基地，开展人才培训和人才输送，为当地输送农业技术人才，将人才链注入产业链，全方位服务该村的产业发展。例如，贵州大学农学专业本科生钟露平在贵州大学"博士村长"计划的倡议下，本科毕业后入职贵州山至金生态农业有限公司，成为公司主要的农业技术负责人。2022 年，钟露平被评为中级农艺师。钟露平服务乡村产业的工作先后得到中央电视台、贵州省电视台的报道，成为新一代农科学子的学习榜样。在他的影响下，2023 届动物科学院硕士研究生谢永广、石胜昌、杨光海在导师姚红艳副教授的鼓励下，将自己稻蛙共生的研究课题放在贵州山至金生态农业有限公司的池坪基地，既开展科学研究，也服务当地的生产。

2. 培训普及先进农业技术，提高农业产业效率

农业科技创新是乡村振兴的核心驱动力。贵州省属于典型的山地农业省，也是全国唯一一个没有平原支撑的省。贵州省土地多为坡地、丘陵，土地碎片化，不能照搬平原农业的技术和方法。同时，贵州省农业产业种类多，生物多样性丰富，急需研究、示范和推广农业新技术。贵州大学省级科技特派团成员围绕产业需求，研究、引进一批新技术，解决了产业效率低下的问题。例如，池坪村是播州区"特色稻＋"的缩影，在稻鸭共育、稻鱼共生等方面具有很好的基础，但鱼和鸭的产值不高，产业的经济效益不好。贵州大学陈卓教授针对此情况，从湖南省农业科学院引进稻蛙共生技术和黑斑蛙。该技术不仅大幅降低化学农药使用量，保障稻米品质，还增加蛙的产值达 4 000 元。目前，稻蛙共生技术在贵州省主要稻区大面积推广，成为稻田增收的有效手段，推动贵州省水稻产业的转型升级。相关成果"稻田绿色种养与生态控害关键技术"被教育部高等学校科学研究发展中心产学研合作研究发展处征集为全国 160 个乡村振兴示范县的推广成果，并制作推广视频，由教育部高等学校科学研究发展中心产学研合作研究发展处负责宣传和推广。

3. 延长农业产业链，增加农民内生动力

池坪村在产业链上存在不少短板和薄弱环节，过度重视良种引进、基地建设、农产品粗加工，但在农产品深加工、品牌建设、市场培育、冷藏物流、营销服务、乡村旅游、农业文化等方面非常薄弱。为了更好地带动村民增收致富，应立足池坪村的产业特色，巩固产业链中的薄弱环节，引进和培养乡村产业实用人才和新型人才，激发农民致富的内生动力，创造就业环境，拓宽就业渠道。

（二）典型做法

1. 人才振兴推进乡村振兴

建议更多的高校农业技术人才走出校门，将农业科技知识传授给农民群众，培养一批"土专家"和"田秀才"，为乡村振兴留下一批"带不走"的科技队伍，将科技创新成果交到农民手上，落到田间地头，让农民群众挑上致富的"金扁担"。另外，各地应不拘一格开门引才，用多种方式引进人才，让人才源源流入乡村，为乡村全面振兴注入强劲动力；不断探索线上引才方式，加大对电商销售、直播带货等新兴行业人才的吸纳，吸引不同行业、不同环节、不同类型人才集聚乡村，不断完善乡村振兴的人才框架。

2. 以产业振兴引领乡村振兴

建议延伸产业链，形成"公司＋合作社＋农户"的协作生产模式，以及以园区加工为依托、以市场销售为导向、以订单为纽带、以技术人员为产业支撑的农业全产业链发展模式，实现农业产业链延长、价值链提升。例如，贵州山至金生态农业有限公司协助石板镇建立一体化特色精品蔬菜、食用菌深加工基地，并配套蔬菜洗涤、精选、分装生产线1条，形成总库容5 000立方米的冷库1个，打造生产、初深加工、冷链及销售一体化产业化经营模式，并通过订单方式与池坪村及周边村寨形成利益联结，开展冬季蚕豆、紫色甘蓝、羊肚菌的订单农业生产，解决池坪村50余名村民的就业，村民的年均收入比往年增加8 000元。

五、对策建议

1. 完善基础设施建设

完善乡村道路建设，做好规划。除满足村民的出行需要外，还须兼顾产业建设需要；做好室内水厕和室外旱厕的设施配套，完善排污系统；因地制宜精准建设文体活动室，参考村民业余兴趣，修建棋牌室、书画室等，避免生搬硬套、千篇一律。栽好梧桐树，引得凤来栖。只有硬件配套设施跟得上，乡村才能更具吸引力，才能留得下乡亲、引得进投资。

2. 丰富农业产销模式

乡村建设不仅要村美，更要民富，要加强产业融合，促进农村产业多元化，擦亮农村产品品牌名片，真正实现农村产业高质量发展，让农民在美丽中"掘金"。

一是种植生产精准化，无缝对接市场需求。可以由村委会牵头，或者申请上级部门，帮助联系生产、加工企业，搞合作种植、订单种植，扩大规模，以销促产，激发农民生产种植的积极性。

二是拓宽销售渠道，多种销售模式相结合。依托互联网平台，利用微信公众号、直播等现代销售渠道，增加销量。不仅为种植户带来了经济效益，还为市民带来了精神享受。

三是强化乡村一二三产业融合。鼓励村民进行农产品的深度加工，开办农家乐等服务项目，并提供政策扶持，实现农村生产方式多样化，在解决农村闲散劳动力的基础上，让村民的腰包鼓起来。

调研报告十六
播州区石板镇茅坝村特色产业调研报告

一、引　　言

　　课题组通过现场走访、交流座谈、问卷调查等方式对该村推进乡村振兴集成示范试点开展调研，梳理总结该村发挥当地农业产业的优势，促进传统产业提质增效，培育壮大特色高效产业的基本思路与主要做法，破解山区特色乡村的难题，为贵州乃至西南山区乡村全面振兴提供参考借鉴。

二、主要特征与现状分析

（一）主要特征

1. 区域分布

　　茅坝村位于遵义市播州区石板镇北部，东面与南白镇比邻，北面与龙坑镇接壤。距镇政府 12 千米，距播州城区 20 千米，交通便捷。

2. 基础条件与优势潜力

　　1）地域交通

　　茅坝村位于遵义市播州区石板镇北部，距镇政府 12 千米，距播州城区 20 千米。茅坝村连接天旺石鸭公路，周边与兰海高速、杭瑞高速、遵义绕城高速相邻，交通便捷。

　　2）土地资源

　　茅坝村总面积为 11.7 平方千米（17 550 亩），其中，坡地 2 800 亩，林地 500 亩，耕地 1 600 亩。全村以坡地、盆地结构为主。

　　3）基础设施

　　茅坝村农田基础条件好，水资源丰富，建有山塘水库和排洪河道。坝区建有高标准农田 1 200 余亩。稻田耕作和灌溉条件良好，是播州区坝区条件最好的村寨。

4）人口结构

茅坝村由原茅坝村和沐恩寺村合并而成。全村共 17 个村民组，总户数 1 874 户，总人口 3 784 人。人口以汉族为主。

（二）现状分析

1. 产业发展状况

茅坝村农田基础设施完备，水源灌溉方便，土质肥沃，全村以"特色稻＋"、玉米、辣椒、蔬菜、生猪等产业为主，其中，"特色稻＋"是该村特色优势产业，稻田综合产值 4 500 元（水稻 3 800 元，鸭和鱼共 700 元）。

2. 生态环境状况

茅坝村多年平均气温 14.6℃，最高气温 38℃，最低气温−8℃。年均无霜期 280 天，年均日照时数 1 146.9 小时。年均降水量为 1 055 毫米，属典型亚热带季风湿润气候。四季分明，冬暖夏凉。

3. 乡村治理状况

茅坝村以组织建设要"红"、思想文化要"红"、产业发展要"红"、老百姓钱包里的票子要"红"、老百姓脸上的洋溢的笑容要"红"为目标，以红星自治示范村民组为抓手推进基层治理工作。通过服务项目壮大一批、发展产业壮大一批、基金运作壮大一批、资源开发壮大一批、生态经营壮大一批的"五个一批"稳步壮大村级集体经济，通过群众自我教育、自我管理、自我服务、自我监督的"四自"措施提升了乡村基层治理效能。

4. 乡村文明状况

茅坝村建有沐恩寺风景区，保留的沐恩寺始建于清朝乾隆年间，在清朝咸丰年间曾作为重要军事囤堡。中华人民共和国成立后，寺庙被改为学校，1993 年谭奇先生出资 25 万元，将其改造成金奇小学。沐恩寺风景区占地 47 亩，是遵义市播州区文物保护单位之一。茅坝村依托沐恩寺风景区，搭建党建活动场所、娱乐文化阵地、农家书屋，优化实践点职能配置，让实践点变成党员群众的教育空间和议事空间，成为宣传政策、教育群众、关心群众、服务群众的主阵地。

5. 生活水平状况

茅坝村主要发展"特色稻＋"、蔬菜、辣椒、食用菌、水果等特色产业，同时村民通过进城务工，发展特色餐饮、农家乐等增加收入。近年来，村民收入持续增多，据 2022 年统计，人均年收入达 1.68 万元。

三、存在问题与解决路径

(一)存在问题

调研发现，茅坝村面临农业人才缺乏、科技创新不强、产业竞争力薄弱等贵州山区农村普遍存在的问题。

一是缺乏农业科技人才和团队。茅坝村农业基础条件很好，坝区土壤肥沃、排灌方便，适合发展水稻、蔬菜产业。坡地耕地质量中等，日照丰富，降雨充沛，适合玉米、果树等作物种植。然而，由于村民文化素质偏低，对新产业、新技术的了解和掌握不够，以及缺乏乡镇农业技术服务人员，农业产业效率低下。同时，该村距离镇政府和播州城区较近，便利的交通条件吸引大量青壮年到城区就业，全村外出务工人员数量占适龄劳动力数量的 90% 以上，导致农业产业非常萧条，集体经济缺乏活力。因此，针对该村及播州区类似情况的村寨，积极培养农业科技人才、打造人才团队、推动农业产业发展具有重要的意义。

二是农业产业缺乏自主创新能力。尽管茅坝村农业产业的基础条件好，产业种类多，但产业链不长、产业的效率不高。主要的原因在于缺乏自主创新能力，对产业发展中出现的问题、难题，没有快速有效的解决办法，导致产业的"肠梗阻"多，村民积极性不强。例如，该村在发展蔬菜产业中，引进、示范和推广新品种的能力不足，对安全用药知识和绿色防控技术的研究和示范不够，蔬菜深加工技术不够，电商平台开发和应用不强等，导致蔬菜产量不高、品质不优、市场不好。因此加强科技创新和成果转化，显得非常重要。

三是农业产业的竞争力薄弱。茅坝村在产业上涵盖水稻、水果、蔬菜、生猪、家禽等，但产业不强、产业链不长，农产品附加值不高，转化率不强。例如，尽管茅坝村在水稻种植上有悠久的历史，培育出地方知名品种白果贡米，口感奇香软糯，深受贵州市民喜爱，但是该稻米品牌在种质资源复壮、品牌打造、品种推广上没有拓展。

(二)解决路径

在各级党委政府的支持指导下，在贵州大学宋宝安院士的支持和帮助下，村"两委"积极引入贵州省唯一一个上市的农业企业——贵州卓豪农业股份有限公司，并在茅坝村建立卓豪院士生态示范园。与贵州大学宋宝安院士团队开展校地合作，贵州大学从农业人才培养、农业科技创新、产业培育等方面给予支持，全面带动该村的乡村振兴，在以下 3 个方面取得实效。

1. 培育农业科技人才团队，推动农业产业高质量发展

针对茅坝村农业产业发展缺乏农业科技人才团队的现状，贵州大学宋宝安院士带

领团队成员进行产业调研，研究产业发展的痛点和难点，围绕天敌工厂建设、稻田绿色种养、农药安全合理使用、蔬菜高效种植、畜牧养殖、辣椒深加工等，组建臧连生领衔的天敌防治团队、陈祥领衔的畜牧养殖团队、陈卓领衔的特色蔬菜产业团队；通过建设科技小院，创建"博士村长"计划、举办蔬菜等特色作物全生育期病虫害绿色防控技术培训班，把贵州大学专家教授的基地放在茅坝村，帮助该村培养农业人才，共培训农民、基层农技人员 486 人次，为茅坝村培养了一批种植大户、致富能手。

2. 加强自主创新能力，提升农业产业效率

针对茅坝村村民文化素质偏低，在发展产业上缺乏自主创新能力，在引进吸收新品种、示范推广农业新技术、应用推广新设备、应用数字和智慧农业新技术和新产品等方面缺乏鉴定、评判的能力，不能因地制宜发展产业的情况，宋宝安院士团队成员通过校地合作、科技特派员、"博士村长"计划、"揭榜挂帅"项目，将科研项目植入茅坝村的各项产业；通过与贵州卓豪农业股份有限公司合作，采用"公司＋科研人员＋合作社＋农户"的模式，从品种、技术、加工、销售全产业链方面对村民进行创新能力的培训，提升村民发展产业、克服难题、主动致富的能力。例如，贵州大学陈卓教授针对当地番茄产业的现状，从番茄市场需求出发，带领村民与湖南农业大学植物保护学院黄国华教授、湖南省植物保护研究所刘勇研究员对接，围绕果实硬度、色度、单果质量、果形等商品品质及营养品质从湖南引种，并在茅坝村基地开展品种适应性评价，从中筛选 2 个适应性好、市场销路广的品种，亩增值 820～950 元，提高了村民对引进吸收新品种的积极性。

3. 加强全产业链建设，增强农民内生动力

针对茅坝村产业不强、产业链不长、产业缺乏竞争力的现状，贵州大学院士团队帮助该村开展农产品深加工、品牌培育、农村电商建设等工作，延长全村产业链，增强农民发展产业的积极性。例如，针对茅坝村优质稻米品种白果贡米，邀请中国工程院院士陈温福、张洪程，以及中国科学院院士谢华安到该村考察和指导；举办贵州省水稻产业发展大会，并在茅坝村建立大会的观摩示范点，推动水稻品种的品牌化建设，将白果贡米发展成贵州省知名的稻米品牌，每斤稻米单价比常规地方品种提高4.0～6.0 元，村民种粮的积极性得以大幅提高。

四、主要经验与典型做法

（一）主要经验

茅坝村在改革上注重创新驱动，持续推进农村"三变改革"，推进"村社合一"，促进产业发展，完善利益联结机制，发展壮大村级集体经济。茅坝村不断创新基层治理，推行"一约五会""理事堂""村管事""道德红黑榜"等经验模式，丰富完善村民自治实践，促进乡风文明。在产业发展上，采用"企业＋合作社（村集体经济）＋农户＋乡村车间"订单发展模式，在全区发展辣椒基地10万亩，按照统一种苗、统一生产物资、统一种植技术、统一销售（收购）、统一加工和统一品牌营销的"六统一"标准，构建全产业生产模式，致力打造辣椒标准原料生产基地，带动更多群众增收，助力乡村振兴。

（二）典型做法

1. 强化农业科技人才团队，服务乡村产业

"凡是乡村振兴，必有科技支撑"。习近平总书记指出"人才振兴是乡村振兴的基础""激励各类人才在农村广阔天地大施所能、大展才华、大显身手，打造一支强大的乡村振兴人才队伍"。农业科技人才团队不仅推广转化农业科技成果，还能开展农业生产服务。农业科技人才团队的建设关系到农业增效、农民增收，关系到乡村振兴战略的实施。针对茅坝村及类似的黔北农村，建议加强农业科技人才队伍建设，充分发挥国家和地方现代农业技术体系的优势，激励更多高校院所涉农专业的科技人才到田间地头，通过科技小院、农民田间培训学校、"新农人"培训班、全年期蔬菜绿色防控培训班等形式，培训技能人员、高素质农民、农村专业人才，为乡村振兴培养更多的"田秀才"和"土专家"。例如，贵州大学涉农科技人员依托卓豪国家级农业园区等，承担高素质农民培育的任务，培养农业科技骨干人才，支撑播州区农民专业合作社、专业技术协会、植物保护社会化服务组织的培训工作，培养出一批适应当前生产力发展水平的农村实用人才。

2. 加强自主创新能力，提高农业产业效率

科技创新成果转化是科技创新活动的"最后一公里"。针对茅坝村及类似的黔北农村，建议加大培育新型服务主体和农业经营主体的力度，引导高校院所等社会力量参与农业技术推广；健全农业社会化科技服务体系，推广多元化农业农村科技社会化服务模式；建立"产学研推用"一体化农业技术推广体系，鼓励科研人员技术转化；推进高校、科研院所合作示范基地的建设，加快构建农业农村发展科技示范网络；引导社会科技力量大力参与农业技术咨询、技术中介和技术服务机构，通过技术咨询服务引导先进技术成果的转化应用；开展数字乡村建设，构建网络推广服务平台，打造农业科教单位、龙头企业、农民专业合作社、农户、销售市场推广服务网络。

3. 加强农业产业链，增强农民内生动力

针对茅坝村"特色稻＋"与粮食作物及蔬菜等特色优势产业，基于"一田两用、一水两用、水旱两用、全年生产"的产业发展目标，建设高标准农田，配套山地宜机化和智能化的设施，有效运用物联网、大数据、节水灌溉、测土配方、生物防治等新技术，建设稻米和蔬菜集约化加工链条，围绕辣椒酱、油辣椒、泡椒等开展系列辣椒的精深加工，形成特色农产品网络化服务体系、构建品牌化营销渠道。创新龙头企业牵头、农民合作社参与、家庭农场和广大农民加入的集体经济运营模式，发动科研、金融、互联网、品牌创意机构参与运营，形成广泛的利益联合体。围绕播州稻米、辣椒等特色产业，加快构建稻米、辣椒的全产业链标准体系，提升标准化生产水平。从肉牛饲料加工角度开展玉米、稻秆、辣椒秆等综合利用。发挥城乡结合部位和交通便捷的优势，开展农商直供、预制菜肴、冷链配送、自营门店、商超专柜、团餐服务、在线销售、场景销售等新业态建设。立足"乡愁播州，田园城市"，培育一批"乡愁""红色"的产品品牌，讲好品牌故事，提升品牌溢价能力。

五、对策建议

1. 加强农业人才队伍建设

调研一般村和典型乡村的人口素质，分析乡村振兴人才的需求。分析本地农民、当地乡贤、优秀村干部、返乡农民工、退役军人、返乡大学生等乡村创业人才的主要诉求，围绕诉求开展人才队伍建设。围绕乡村振兴和农业强国的目标，进一步加强"三农"发展顶层设计战略人才、擅长现代农村治理管理人才、掌握先进农业技术科技人才及服务乡村文明建设文化人才的培养和引进。

2. 加强农业成果转化

一是坚持市场导向。建立健全从中央到地方科技系统多级联动的工作机制，在财政支持、机构设置、人员配置等方面形成纵向农业科技成果转化支撑链条。

二是发挥政府引导作用。采用"揭榜挂帅""赛马制""项目招标制"，通过设立各类科技项目，有效推动农业科技成果转化应用。相关部门通过税收、补贴等政策加大对农业科技企业的支持力度，促进农业科技成果落地转化。

三是注重政产学研推用协同。政府、行业部门、科研机构、企业、农户等主体共同参与农业科技成果转化，加大农业示范园区的引领作用，加强农业科技领军企业引进力度，加快中试熟化平台建设速度。